心をつかむ文章の書き方

櫻井秀勲

きずな出版

はじめに

言葉は力、あなたの人脈を広げ、人生を変える

「作家になりたい」

「いつか本を出したい」

「人にほめられるような文章を書きたい」

そんなふうに思ったことはありませんか？

そこまでいかなくても、

「文章を書ける人になりたい」

「もっと文章がうまくなりたい」

という人は多いでしょう。きっとあなたも、そんなお一人で、この本を手に取ってくれたのではないでしょうか。

いまほど、普通の人が文章を書く機会が多い時代はないと、私は思っています。
昔なら、人とつながるには直接会うか、電話をかけたものですが、いまでは、ほとんどがスマホで済ませるでしょう。

ＬＩＮＥなどのアプリやＳＮＳを使えば、メッセージ交換ができます。
つまりは、文字によって、連絡をとり合うわけです。

便利な時代ではありますが、それだけに「文字」や「言葉」「文章」で、思わぬ失敗をすることもあるでしょう。

自分では気づいていなくても、損をしているかもしれません。
というのも、「文字」や「言葉」「文章」には、それだけの力があるのです。
ちょっとしたメールの返信で、人に誤解されたり、評価が下がったりということがあります。逆にいえば、そのメッセージで、人に好かれたり、評価が上がったりということもあるわけです。

実は、あなたも、そのことがわかっているから、この本を手に取られたのではないでしょうか？

もっといえば、

「もっと文章が上手だったら、ＳＮＳで人気者になれるのに」

「もっと文章が上手だったら、作家になれるのに」

と思ったことはありませんか。

その通り、文章が書ける人は、ＳＮＳやブログで人気が出て、それをきっかけに本を出したり、その本がベストセラーになったりするかもしれません。

憧《あこが》れていたような人たちとつながって、応援してもらえたり、その人たちと仕事ができたりするかもしれません。

文章を書くことで、そのような可能性や人脈が広がっていきます。

私の場合は「手紙」の時代でしたが、その手紙によって、多くの作家たちとつき合うようになれたのです。

「自分には、そんな文章は書けない」という人がいるかもしれません。

たしかに、文章にはルールがあります。でも、そのルールがわかれば、文章を書くことは、それほど難しいことではありません。

なぜなら、あなたは、ふだん文章にしていないだけで、思ったり、感じたり、話したりしていることがあるはずだからです。

文章のいちばん大切なルールは、書いてみることです。

書くことで、文章力は上達します。

この本では、「文章の書き方」をお伝えしますが、ただの文章ではなく、「心をつかむ文章」としました。

目の前の人の心をつかみ、自分には直接見えていない大勢の人たちの心までもつかむ。そんな文章を書けるようになることで、あなたのビジネス、人脈、人生は大きく変わっていきます。

では、どんな文章が、人を感動させるのか、どう書けば、人の心を動かすことができるのか――大学を出て出版社に入り、編集者として、文学史に名を連ねる作家たちとつき合い、50代からは作家として200冊を超える本を書き、この20年は、ほぼ毎日、SNSに投稿してきました。そうした経験から得た「文章の書き方の基本」的なことをまとめてみました。

なお、この原稿作成では、私の初の試みとして、ChatGPTにも手伝ってもらいました。いわば本書の著者は、「AI櫻井秀勲」です。

それこそ、私のこれまでの著作、講演録などを駆使して、本書の叩き台ともいうべき原稿はできました。

いまは便利な時代です。

この時代を楽しみながら、あなたは、あなたの可能性を広げていただけたら、と願っています。

櫻井秀勲

◎目次

2章 文章を書く「基礎力」を上げる

3章　読者を夢中にさせる魔法のテクニック

4章 言葉遊びの達人になろう

5章 文章に命を吹き込む方法

6章 感動を生む！ いまどきの文章スタイル

7章 実践！ SNSで実際に書いてみよう

心をつかむ文章の書き方

1章

文章は楽しい！
基本から始めよう

文章の書き始めはここから――シンプルで楽しい基本のキ

文章を書き始めることは、冒険の始まりに似ています。白紙のページは、無限の可能性を秘めた宝箱のようなもの。ここから、あなたの思いや体験、夢や願いが、言葉という形を得て、世に出ていくのです。文章を書く楽しみは、まさにこの創造の瞬間にあります。

はじめの一歩は、シンプルな言葉から。
複雑な技巧や装飾は必要ありません。

これは、話しているときもそうなのですが、

「この人は、いいところを見せようとしているな」

と思うときがあります。その人は持っている知識を、精いっぱい使います。

そうすると、

「日本人は〜」「岸田政権は〜」

「いまの時代は〜」「この業界は〜」

「大阪万博は〜」「司馬遼太郎《しばりょうたろう》は〜」

「○○新聞はダメだ」「いまの医学は〜」

と、大きな話題になりがちです。実は、これが危険信号です。

文章表現では、

①いうことが大きくなる
②大ざっぱになる
③評論家になっていく

この3つは避けなければなりません。

そもそも、このようなことを、読者は求めているわけではないのです。

ですから、中途半端なことは書かない、書いてはいけない！　ということを肝《きも》に銘《めい》じておきましょう。

肩の力を抜いて、知っていることの8割だけを書く「8割主義」でいくと、無理をしないで済みます。読者も安心して、あなたを信頼するようになるでしょう。つまり、愛読者になってくれるのです。

あなたの素直な心を、ストレートに言葉に変えてみてください。

日記を書くように、あるいは友人に手紙を書くように、心の中の言葉を紙の上に落とし込むのです。そうして、一歩一歩、自分だけの文章のスタイルを築いていきましょう。

基本から始め、徐々に自分ならではの表現を見つけていく。

それが、文章を書く喜びへとつながる道です。
そして、その道を歩み始めたあなたは、既にりっぱな物語の作者になっています。

初心者でも楽しめる！
文章の第一歩

文章を書くことは、特別な才能を要求されるものではありません。
誰もが、自分の言葉で感情や考えを表現できるのです。
それは、絵を描くことや音楽を奏《かな》でることと同じくらい、自然な行為。
初心者であっても、自分だけの言葉で、世界を描くことの楽しさを見出せます。

文章の第一歩は、自分のまわりの小さなことから書き始めること。

朝食で食べたパンの味、通勤途中で見た風景、心を動かした映画の一場面……これらはすべて、素敵な文章の種となり得るのです。


時代小説作家で、『御宿《おんやど》かわせみ』シリーズなどでも有名だった平岩弓枝《ひらいわゆみえ》は、私と同期で、残念なことに亡くなってしまいましたが、若い頃、たとえば、どこかの距離を表すのに、自分の歩数で計り、それをすべてメモにしたといわれています。

時代小説の場合には、登場人物の庶民たちは、みな歩いて移動します。

だから、歩数が大事になるのです。

あの路地から次の路地まで、何歩で行けるのか。それによって時間がわかります。

その時間、距離が、平岩弓枝の作品は正確なのです。

このように、実際に自分が経験したことを書くのが重要です。

以前、私が「女学の神様」としてテレビに出演したとき、口説きの実演をしてみせたのですが、そのときの出演メンバーから、「実体験で話をされているということが、よくわかります」といってくれました。

人の話を聞くとき、それが実体験で話しているとわかれば、説得力があるでしょう。

逆にいえば、実体験のない話では、人の心には届かない、と私は思っています。

たとえばお金の話でも、本当は儲かっていないのにエラそうに講釈を垂れても、誰も読んではくれないでしょう。

自分が体験していないことでも、自分が感心したり、感動したことならば、その感動を伝えることができるでしょう。

文章を書くときの原則として、

①自分の経験を書く
②さもなければ誰かの経験を、その人の名前を入れて書く（教養が必要になる）
③さもなければ取材して書く

これを意識してください。
あなたの日常には、多くのインスピレーションが隠れています。
文章を書くことで、日常の些細なことが特別な意味を持ち始めます。
日々の生活を丁寧に観察し、感じたことを素直に言葉にする。
そうすることで、読者にもあなたの体験がイキイキと伝わります。
そして、その過程であなた自身も、日常の新たな魅力を発見できるでしょう。

文章作成の楽しさを発見する

書くことは、自分自身と向き合う旅です。

日々の生活の中で感じたこと、心に浮かんだ思いを言葉にすることで、自分の内面が見えてきます。

それは、自己理解への道でもあります。

あなたが感じたこと、考えたことを言葉にすることで、それらが、よりはっきりと形を成します。

失敗を交えてもいいので、事実を書きましょう。

無理に本を売ろうとか、ベストセラーにしようと思うと、ほかの作家や先生がいっていることと同じになっていきます。すると、使う言葉も同じようなものになってしまい、勢いも感じられなくなります。それではいけません。

教訓や説教も、白けてしまうので、避けましょう。

文章を書く楽しさは、自分の感情や考えを、経験を交えて形にする過程にあります。ページを埋めるごとに、自分の内面が豊かになっていくのを感じるでしょう。

また、日常で遭遇するさまざまな出来事が、書くことを通じて新しい意味を得るのです。書くことは、単なるコミュニケーション手段を超え、自分自身を表現する芸術になります。

あなたの感じたこと、考えたことが、他人の心にも響く可能性も秘めています。その発見は、文章を書く喜びの一つです。

基本を極めることが上達の近道

文章の上達には、基本をしっかりと学ぶことが重要です。

「誰に向けて何を伝えたいのか？」

まずここから考えること――複雑な技巧や装飾よりも、シンプルな文章を心がけて書くことから始めましょう。

クリアで直接的な言葉を選び、簡潔な文構造を心がけることが大切です。

基本的な文章の構成を理解することで、より効果的にメッセージを伝えることができます。

短い文でポイントを打ち出し、読みやすい文章を心がけること。

それが、読者にあなたの思いを届けるための第一歩です。

ここでは「読者」と書きましたが、「読んでいただくお相手」です。まず誰か「一人」を特定しましょう。

基本に忠実であることは、自分自身の書き方を確立するための土台となります。あなたの文章には、あなたの声が反映されているべきです。

その声を鮮明にするためにも、まずは基本から始めるのが最良の方法です。

文章の基本をマスターすれば、どんなテーマにも挑戦できるようになります。

旅行の記録から始まり、深い思索、楽しいエピソードまで、あらゆる話題を自分の言葉で表現することが可能です。

テーマの幅広さは、文章を書く楽しさをさらに増やします。

さまざまな角度から世界を見つめ、新しい発見を文章にする。

それにより、書くことが一層楽しくなります。

たとえば、ふだんの生活で体験した小さな出来事を取り上げ、それを深く掘り下げてみる。そうすることで、日常に隠された美や感動を発見することができるでしょう。

さまざまなテーマに触れることで、あなたの視野は広がり、文章も豊かになっていきます。

日常からインスピレーションを得る方法

誰だってうまく書きたいはずです。
しかし、うまく書こうとすると、ふしぎなもので最初の一行が書けないのです。
このようなとき、これを簡単に克服する方法があります。
それは、「話すことと書くことを連動させる」ということです。
試しに、自分が毎日しゃべったことを、書き起こしてみましょう。すると、自分の言葉が毎日蓄積されていきます。

それらは、きちんと文章になっていないかもしれません。

しかし、自分の行動、重みや温度のある言葉が並んでいるはずです。

これを続けることで、

「ああ、あのとき書き溜《た》めておいた、あの言葉から書き出してみよう」

と文章が書けるようになるのです。


日々の生活は、書くための無限のインスピレーションに満ちています。

朝の光が部屋に差し込む様子、通りすがりに耳にした会話、食卓での家族のやりとり。これらの日常の一コマが、文章の素晴らしい題材となり得ます。

インスピレーションを得るためには、日常に意識を向け、感じたことをメモする習慣を身につけましょう。

小さなノートを常に持ち歩き、今日咲き始めた花の名前や小鳥の声、雨の音や人の話し声など、感動したことや興味を引いたことを書き留めるのです。これらのメモが、後に貴重なアイデアの源泉となります。

また、日常のルーティンから一歩踏み出し、新しい体験をすることも重要です。ふだん行かない道を歩いてみる、異なるジャンルの本を読んでみるなど、小さな変化が新たな発見につながります。

読者の心をつかむための基本原則

読者の心をつかむためには、共感と誠実さが必要です。
自分の真実の感情や考えを、偽《いつわ》りなく表現することが大切です。

読者は、作りごとではない、生きた感情や経験に強く反応します。絶対、自分をエラそうに書かないことです。

文章には、ただ事実を伝えるだけでなく、それを通じて何を感じ、どう考えたのかを表現することが重要です。

自分の体験や思いを素直に伝えることで、読者にもその感情が伝わり、共感を呼ぶことができます。

また、読者に対する尊敬の気持ちを持つことも重要です。読者を尊重し、彼らの時間と感情を大切に扱う姿勢が、良質な文章へとつながります。

ほとんどの人は、書きたいものが胸に詰まっているはずです。

しかし、それをただ文字にしていったのでは、誰も読んでくれません。

それは、「書きたいものの集約」ができていないからです。

この集約を、テーマとなる角度、テーマになる視点、原稿の枚数、文字数に置き換えることもできます。ここに独自性が出るのです。

素人の文章と、プロの文章を読み比べたときに、実は、それほど文章そのものに差はありません。

では何が違うのかといえば、独自の視点が入っているかどうか、という部分です。プロには新しい視点がありますから、お金を出しても買ってくれるのです。言い換えれば、素人でも新しい考えを持っていれば、たちまち人気者になれます。「本屋大賞」などに選ばれたら、無名の作家が一挙に人気作家になれるのです。

そのためには、ふだんから、ニュースや人物に対して、自分の意見を持つ必要があります。いつもほかの人の話に同調するだけでは、自分の考えが出てこないのです。

どうすれば自分の考えを出せるか。

それには、原稿をまとめるときに、まず題名か見出しをつけることです。

本はもちろん、新聞や雑誌には、どれも見出しがついているでしょう。それと同じことをしてみるのです。

自分が書くものに、「どんな見出しをつけるか」ということを考えてみるのです。

題名か見出しで興味を引きつけるものでなければ、どんなに素晴らしい文章でも誰も読んでくれません。逆にいえば、見出しに興味を持ってもらえれば、その文章を読んでくれるかもしれません。

また見出しをつけることで、自分の考えがまとめやすくなることもあります。

最初は難しいかもしれませんが、「見出しをつける」「題名をつける」ことを練習していきましょう。

文章に自分の色を出すコツ

あなたの文章には、あなた自身の色が反映されているべきです。自分だけの視点、独自の声を文章に込めることで、作品に個性を与えることができます。

そのためには一度、**自分自身とはどういう人間か、**ノートでもいいですから、書いておくといいでしょう。これは、他人とは異なる独特の表現スタイルを築くことを意味します。

自分の色を出すためには、まず自分が何に興味を持ち、何に感動するのかを知ることが大切です。自分の内面を深く掘り下げ、自分の価値観や経験を文章に反映させましょう。

私の文章は「ですます調」で書かれています。「である」調ではありません。これは私の読者に女性が多いからです。

表現力を豊かにするためには、日常的な練習が欠かせません。

その一つの方法として、日記を書くことがあげられます。日記を通して日々の感情や出来事を言葉にすることで、自然と表現力が磨かれていきます。

また、詩や俳句、短編小説を書くことも、表現力を高める有効な方法です。特に詩では、言葉の響きやリズムを意識しながら書くことが求められるため、言葉に対する感覚が深まります。

俳句でも、最近は「官能俳句」というものが出てきました。たった17文字で、エロティックな文学性が高められるのです。

表現力を磨くためには、他人の作品を読み、その表現手法を分析することも重要です。どのような文章に惹《ひ》かれるのか、どのような表現が心に残るのかを考えることで、自分のスタイルを見つけるヒントが得られます。

そのように、他人の作品から刺激を受けることで、自分自身の表現の幅を広げることができます。

ストレスなく文章を書くための心構え

文章を書くことは、時にストレスを伴うことがあります。

「〆切が迫っているのに、原稿が書けない」

ということは、作家なら一度は経験したことがあるはずです。

新聞や週刊誌の連載であれば、〆切はどんなことがあっても守らなければなりません。また、それを守るのが、プロの作家です。

それだけに書けないときの苦労、苦悩は、尋常ではありません。

しかし、それは創造の一部であり、成長の過程でもあります。

書くことに対して柔軟な心構えを持つことが重要です。

完璧を求めすぎず、書くこと自体を楽しむこと。


初稿が完璧である必要はありません。

書いた後にも編集を行い、徐々に作品を磨いていくのです。

このプロセスを楽しむことで、書くことへのストレスを減らすことができます。

また、自分自身に対して優しい心を持つことも大切です。

失敗や困難は、成長の機会です。それらを乗り越えることで、あなたの文章はより深みを増し、豊かになるでしょう。

2
章

文章を書く「基礎力」を上げる

書きたくても書けない人の特徴

人間である以上、しゃべることもできれば、書くこともできるのは当然です。ところが実際には、話し方教室も、書き方教室も、募集をすればたくさんの人が集まってくるのです。なぜでしょうか。私自身も、これまで何度も文章塾を開いて、指導にあたってきましたが、これほどまでに「書きたくても書けない人がいるものか」と、驚いたものです。

そして、「書けない人」が書けない理由は、次の5つにあることがわかったのです。

（1）自分の文章は、最初から下手だと信じている

自分だけで勝手に、そう思い込んでいる場合もあります。その思い込みを、はずしていきましょう。

（2）自分の文章や書くものに自信がない

テレビやセミナーで、素人かもしれない人が、実に巧みに話したり、あるいは書店で、無名の人が書いている本を見て、自信を失ってしまうことがあります。そこで「自分の書くものは本当にダメなのか」を見直していきましょう。

（3）何を、どう書いていいかわからない

特に書きたい人は、あれもこれも書こうとするあまり、何から書いていいか、最初の一行がわからない、ということがあります。欲張らずに、とりあえず思い浮かんだことを書いてみましょう。

（4）原稿のまとめ方がわからない

漠然と書きたいものはわかっているのだが、枚数に集約することができない、もしくはタイトルがない。まずは、タイトルをつけてみましょう。

（5）焦《あせ》って書けない

書けないので時間が迫って、ますます焦ってしまう。焦れば焦るほど、書けなくなってしまいます。そんなときは、とりあえず深呼吸です。

どうでしょう。思い当たる節はありませんか。

他人に読んでもらうことで文章に価値が出る

自分は「上手だ」と思っている人は、たぶん、この本を手にとって、読んでいないでしょう。勝手にレベルが上だと思ってしまうのです。

でも実は、文章が下手だという人でも、私がそれを読むと、「うまいじゃないか！」と思うことがよくあります。

これは、**「自分の価値は、自分では計れない」**ということです。

他人に読んでもらうことで、初めて、あなたの価値が発見されるのです。

また、本気で上手になりたいのであれば、編集者、ライター、作家など、専門家に一度読んでもらうことを勧めます。

専門家であれば、文章が完璧でなくても、ほめられるところはどこか、何がダメなのか、どう改善しなければならないのかを、アドバイスしてくれます。すると、自分でも、どうすれば上手な文章になるのか、次第にわかってきます。

文章というものは、読んでもらって、初めて生きてくるものです。

ともかく書いて、誰か友人、知人に読んでもらいましょう。

もしかすると、あなたにはすごい才能が隠れているかもしれないのです。

いまだったら、ネットに出して、多くの人の目に触れてもらうのも、いい方法です。

「上手な文章」が「稼げる文章」とは限らない

いま書店にある本の中で、小説家以外のものは、大半がライターによって執筆されたものです。ですから、文章がうまいのは当たり前なのです。しかし、それでは、本当に自分がいいたいことが表現されない、ということもあるのです。

スマホで撮影した写真や動画を、アプリで加工するのが普通になりました。

ＡＩに頼むと、よくも悪くも、もとのものとはまったく違うものができてしまう、ということもあります。文章でも同じことがいえます。

いい形になればいいのですが、違和感があるものもできるでしょう。

この本は一部、ＡＩに書かせていますが、それは私自身が作家であり、編集者でもあるので、ＡＩの欠点を直す力があるからなのです。

２０２４年の芥川賞受賞作品『東京都同情塔』は、一部ＡＩが書いているそうです。著者の九段理江《くだんりえ》さんが最先端の技術を文学に用いたのですが、ＡＩがこれから進歩していくことは間違いないようです。

ただ、文章の素人が、それで本を出そうとしても、少なくとも当分は、生活できるほど稼げるということにはならないでしょう。

本当の作家は、出版社から基本的に「部数×印税」をもらう約束をしています。印税率はいろいろですが、この「印税」をもらえないと、まだ作家として認められない、ということです。

このことをしっかり頭に叩き込んでおきましょう。

あなたのまわりに、「自分は本を出した」という人がいるかもしれません。

しかし、その人は、自分で文章を書いていないかもしれません。私にいわせれば、その人はまだ「作家」ではなく、「ほんだし（本出し）」に過ぎません。

自分が作家になるには、近い人のことばかりを見るのではなく、一流の作家や執筆家を目標にして、書いていきましょう。

あなたが自信を持つには、それが遠いようで、一番の近道なのです。

読みにくい文章にはワケがある

文章は時代とともに大きく変化しています。

使われる日本語が大きく変わっていくからです。世代によっては、長い文章が読めなくなっています。

お隣、韓国では、ハングル文字の普及で、文章がわかりやすくないと、読まれなくなっています。これによって、文学作品がまったく出なくなりました。

日本も同様で、パソコンの普及で活字体しか読めない人が増えた結果、文章が単純化しています。

現在、中学校の英語では、筆記体を教えていません。

筆記体は日本語の行書、草書にあたるものですが、パソコン時代には必要なくなってしまったのです。この結果、日本でも英語圏でも際立った文学性の作品が衰えてしまった、といわれています。

パソコンで文字を打っていると、どうしても単調な文章になりがちな上に、かえって文字が多くなり、長くなって、読みにくくなることもあるようです。

「読みにくい文章」には、いくつかの種類があります。

それをあげれば、次のようになります。

(1) 難しい文字を連ね、文章が長い

(2) 文章の基礎がわかっていない

(3) 句読点がない、約物《やくもの》の使い方がわからない

(4) リズムがない、ダラダラしっぱなし

(5) 自分だけ嬉しがっていて、読者の気持ちは関係ない。「私」が多すぎる

ちなみに、(3)にある「約物」とは、印刷用語が由来の、記号や符号の総称です。

「約物」で文章にメリハリをつける

「約物（やくもの）」という言葉を、初めて目にした、という人もいるかもしれません。

約物とは、英語で「punctuation mark」といって、文字組版など、言語の記述に使う記述記号類を総称したものです。もともとは、印刷用語で「締めくくるもの」という意味で、先ほどの句読点のほかに、疑問符、括弧《かっこ》、アクセントなどが含まれます。

約物を使うことによって、文章にメリハリをつけたり、余韻を残したりすることができます。

【主な約物】

「、」（点、読点）……文や語句の区切り

「。」（丸、句点）……文末につける

「・」（なかぐろ）……単語を並列して、まとまった概念を示す

「…」（三点リーダ）……沈黙や絶句など、言葉をあいまいにする

「？」（耳だれ）……疑問符

「！」（雨だれ）……感嘆符

「、、、」（胡麻点）……傍点（強調したり、注意を促すために文字の脇に打つ）

（　）（かっこ）……説明、注釈を加える

「　」（かぎかっこ）……せりふを直接書くときに使う

『　』（二重かぎ）……せりふの中の別の会話、書籍や演劇の題名

句読点の使い方で文章が変わる

文章を書く上で、句読点は極めて重要な役割を果たします。
それについて話す前に、まずは次の文章に、読点「、」を打ってみましょう。

「うらにわにはにわにわにはにわにわとりがいる。」

できましたか。答えは、次の通りです。

「うらにわにはにわ、にわにはにわ、にわとりがいる。」

ひらがなで書くと、庭にワニがいそうでしたが、どこにも、ワニはいません。

もちろん漢字やカタカナで書いてあれば、

「裏庭には二羽、庭には二羽、ニワトリがいる。」

と内容を読み間違える人はいないでしょう。

しかし、ひらがなで書いてあったり、文字を追わずに音だけで聞いて文章を理解する場合に、しっかりと間を取ることで、正しく伝えることができます。

また、次のような場合にも、読点は必要です。


「走って逃げるあなたを追いかけた。」


これは読点の位置によって、走っている人が変わります。

「走って、逃げるあなたを追いかけた。」

となれば、走っているのは「あなたを追いかける私」です。

一方で、

「走って逃げるあなたを、追いかけた。」

となれば、走っているのは「逃げているあなた」となります。

このように、読点の位置で、文章の意味が変わるのです。

ほかにも、文章を読みやすくするために、次のような場合に読点を打ちますので、覚えておきましょう。

- **主語や主題のあと（主語や主題がここまでですよ、と示す）**
- **接続詞や接続助詞、感動詞のあと（接続詞や接続助詞、感動詞の意味を強める）**
- **言葉を並列するとき（並列であることを明確にする）**

句点「。」については、文章の終わりに打つ、と覚えておけば、まずは間違いありません。

原稿が原稿らしくなる基本の書き方

ここで、「原稿」の書き方の基本についてまとめておきます。

前でもお話ししましたが、原稿を書く場合には、まず題名と、自分の名前を書きましょう。当たり前のようですが、案外、それをしない人が多いのです。

とりあえず本文から書き始める人がいますが、その前に、必ず、題名と自分の名前を書くことを習慣にしましょう。

これは、文学賞などに応募する場合もそうなのですが、いくら内容がしっかりしていても、最低限の書き方のルールを守っていないと、よい評価をしてもらえない、ということがあるからです。

このほかにも、本文を書く上で、次のことに気をつけてください。

（1）タテ書きでもヨコ書きでも、行頭の1字は空ける
（2）句読点を打ち、読みやすい文章にする
（3）文節を変更するときは、改行して、行頭の1字を空ける
（4）原稿によっては、小見出しを入れる
（5）章分けをしてもよい

これをするだけで、あなたの原稿は、プロの原稿らしくなります。

あなたの文章がうるおう7つのコツ

編集者や文章塾の受講生に教えていることですが、文章の書き方には「ちょっとしたコツ」があります。

（1）普段着的な文章にする（ぬくもり）
（2）辞書やスマホで、易《やさ》しい表現を探してみる
（3）ひらがなにしてわかる言葉、表現を使う
（4）タテ書きで書く訓練をする

(5) 知っていることの8割を書く
(6) 経験を書く、他人の受け売りをしない
(7) 口当たりのいい励まし言葉はできるだけ使わない

コツは漢字で書くと「骨」です。うまくいくための要領、勘所《かんどころ》です。それを知っていれば、うまい文章が書けるというわけです。

ところで「うまい文章」というのは、読んでいて、ぬくもりを感じるものだと私は思っています。読んでも心が乾いてしまうようでは、読者の心に響きません。読者の心に響く文章、うるおいのある文章をつくるのに大切なのが、この「7つのコツ」です。

なかでも（4）にある「タテ書き」で書くようにすると、それは「ビジネス的頭脳」を「生活的頭脳」に戻す訓練になります。

私たちは、ふだんからパソコンやスマホで文章を書く機会が多くなりました。

パソコンでは、横書きであると同時に、横いっぱいに文字を書くことが普通になっています。実際に書いたものを読んでみるとよくわかるのですが、そうすると、表現が硬く、同じ表現が多くなるのです。

また、会話表現もなくなり、体言止めが多くなります。体言止めとは名詞、代名詞で終わる文章をいいます。

その結果、読ませる文章ではなく、記録するための文章になってしまい、改行も段落もない、つまらない文章ができあがるのです。これでは、せっかくいい内容でも、本にはなりません。

これら、ビジネス的頭脳で書いた文章では、生活感がにじみ出るどころか、非日常的な文章になってしまいます。

原稿をパソコンの横書きで打ったほうが速い、という人もいるでしょうが、文章の訓練として、たまにはタテ書きで書いてみることを勧めます。

3章

読者を夢中にさせる魔法のテクニック

文章で人の心をつかむ――そのワクワクするような方法

文章は、読者の心をつかむ魔法のようなものです。その魔法を使いこなすためには、まず読者の興味を引きつける要素を理解することが重要です。

驚き、喜び、感動。これらはすべて、読者の心に火をつけるカギとなります。

・「オヤ！　びっくり!!」という驚き
・「マァ！　嬉しい!!」という喜び
・「ヘェー！　すごい!!」という感動

この3つのいずれかを、読者に与えられるかどうか、ということです。

文章に魔法をかけるための第一歩は、話題の選定です。

読者が興味を持ちそうな話題を見つけ出し、それについて書くことで、読者の興味を引き込むことができます。

話題は身近なものから、時事問題、趣味や専門分野に至るまで、幅広く存在します。大切なのは、その話題に対するあなた自身の興味や情熱です。

話題を選んだら、次に重要なのは構成です。

話の始まりに「興味を引く要素」を持ってくることで、読者を物語の世界へと誘います。そして、物語が進むにつれて、高層マンションではありませんが、情報や感情を何層にもして深めていくことで、読者の好奇心を維持します。

読者の興味を引きつけるためには、まず、彼らが何に反応するのかを理解することが必要です。

人は、自分の経験や仕事、あるいは興味に関連する話題に自然と惹かれます。

したがって、読者が共感しやすいテーマや問題を取り上げることが効果的です。

もう一つのテクニックとして、物語や内容に疑問や謎を含めることも効果的です。

人は、未知のものや謎に対して自然と好奇心を持つため、

「疑問や謎を提示すること」

で、読者は答えを見つけ出そうと読み進めることになります。

さらに、

「読者に新しい視点や発見を提供すること」

これも、興味を引きつける有効な方法です。ふだん考えたことのないような視点や、意外な事実を提供することで、読者は新鮮な驚きや発見を感じ、物語や内容に引き込まれます。

読者がよく知っているテーマでありながら、そこに新たな視点、発見が含まれている、というのが「心をつかむ文章」の肝心なところといえます。

心を動かす言葉選びの技術

言葉の一つひとつには、それぞれ異なる力が宿っています。

心を動かすためには、ただ正確な意味を伝えるだけでなく、感情を呼び起こす言葉を選ぶことが重要です。

たとえば、「輝く」という言葉は、「光る」よりも強い感動や美しさを表現します。「きらめく」は、さらに心を揺さぶるでしょう。

言葉選びでは、読者の経験や感情に響く言葉を選ぶことが肝心です。

共感を生み出すためには、読者の心に届く、温かみのある、イキイキとした表現を使うことが大切です。ここにボキャブラリー（語彙《ごい》）を増やす必要が出てきます。

また、言葉は読者の感覚に訴えかけることもできます。

視覚的な表現、音の響き、触感を想起させる表現を用いることで、読者は文章をよりリアルに感じ、その世界に没入することができます。


文章を書くときに、適当な言葉が見つからない、ということがあります。

そんなとき、辞書で言葉を探したり、調べたりします。いまは辞書だけでなく、ネットで調べても同じですが、実はプロほど、易しい表現を探すようにします。

《言葉の言い換えの例》

- **「よろしくご査収ください」⇓「どうぞお受け取りください」**
- **「車が渋滞している」⇓「車が流れない」「車がぎっしり」**

読み手が誰でもわかるように表現することです。

また、同じ言葉を使うのでも、ひらがなにすることで、やさしくなります。

校正用語では、ひらがなにすることを「開く」、漢字にすることを「閉じる」といいます。最近の傾向では、次の言葉は開くことが多いようです。そのほうが、文章がやさしくなる、ということもできます。

「お前」……………………➡「おまえ」
「出来る」…………………➡「できる」
「無い」……………………➡「ない」
「全く」……………………➡「まったく」
「例え」……………………➡「たとえ」
「全て」……………………➡「すべて」
「為」………………………➡「ため」

「事」……………………………………↓「こと」
「気付く」………………………………↓「気づく」
「様々」…………………………………↓「さまざま」
「お陰」…………………………………↓「おかげ」
「見付かる」……………………………↓「みつかる」
「付き合う」……………………………↓「つき合う」
「良かった」……………………………↓「よかった」
「良い」…………………………………↓「よい（いい）」
「○○して欲しい」……………………↓「○○してほしい」
「分かる」………………………………↓「わかる」
「大人達」………………………………↓「大人たち」
「沢山」…………………………………↓「たくさん」
「かも知れない」………………………↓「かもしれない」

「子供」……………………↓「子ども」
「頂く」……………………↓「いただく」
「下さい」…………………↓「ください」
「一体」……………………↓「いったい」
「辛い」……………………↓「つらい」
「〜する時」………………↓「〜するとき」
「漢数字（一、二、三…）」……↓「算用数字（1、2、3…）」※ただし熟語は除く
「再び」……………………↓「ふたたび」
「今」………………………↓「いま」
「色々」「色んな」…………↓「いろいろ」「いろんな」
「段々」……………………↓「だんだん」
「是非」……………………↓「ぜひ」

ほかに、難しい表現も、現代風に変えます。

「おしなべて」……「～の多くは」「一様に」
「自由闊達《かったつ》」……「物事にこだわらない」「こせこせしない」
「矜持《きょうじ》」……「誇り」「プライド」
「先人」……「私たちの祖先」「昔の人々」「先輩」
「礼賛《らいさん》」……「ほめる」「ほめたたえる」

よく「漢語を使うと、なぜいけないのですか?」という質問をいただくのですが、漢字が多い文章は堅苦しくなりがちです。

いまの人たちに、「矜持を持て」といっても、何のことかわからない人が多いでしょう。「プライドを持ちなさい」と言い換えて表現するほうが伝わりやすいわけです。

読者を引き込む冒頭の書き方

読者を物語の世界に引き込むためには、冒頭の書き方が非常に重要です。

第一印象が強いものであればあるほど、読者は内容に興味を持ち続けるでしょう。

冒頭部分には、興味を引くエピソードや、興奮や好奇心を刺激する要素を配置すると効果的です。

たとえば、物語の主要な謎や疑問を冒頭で提示することで、読者はその答えを知りたくなります。

また、登場人物の魅力的な特徴や状況を描くことで、読者はその人物に関心を持ち、物語に引き込まれます。

私はときどき、「私は女の神様と呼ばれています」という表現を使います。

これだけで、それを聞いた人は、「女の神様って？」「どういう人だろう？」と興味を持って、そのあとの話を聞いてみようという気持ちになるようです。

冒頭は、文章全体のトーンを決定づける部分でもあります。

読者にとって魅力的な雰囲気をつくり出すことで、彼らの好奇心を刺激し、物語を読み進める動機を与えることができます。

感情を揺さぶる文章の秘訣

物語の展開において、読者を引きつけ続けるためには、予測不能な要素や、緊張感を持続させる展開が重要です。物語が進むにつれて、読者は登場人物と一緒に成長し、解決を求めて物語に没入します。

そうした物語を構成する際には、起承転結を意識するとよいでしょう。

(1) 序盤に問題や状況を提示し
(2) 中盤の初期に、その問題を深め
(3) 一転、意外な展開となり
(4) 終盤で興奮や感動を呼ぶ結末となる

このような流れは、読者を最後まで引きつける効果があります。

また、登場人物の内面の変化や成長を描くことで、読者は登場人物に感情移入しやすくなります。

読者が登場人物の感情や思考に共感し、その運命に関心を持つようになれば、物語はより魅力的になります。

文章が読者の心を揺さぶるためには、感情を巧みに扱う技術が必要です。

読者が自分の経験や感情を文章の中で見つけることができれば、その文章は強い共感を呼び起こします。

ここで重要なのは、具体的でリアルな感情の表現を行うことです。

感情を描く際には、単に「悲しい」「嬉しい」といった抽象的な表現にとどまらず、その感情が生まれた状況や、それによって引き起こされる具体的な反応を描写することが効果的です。

たとえば、

「悲しみに打ちひしがれて、彼女は声もなく泣いた」

このように感情を具体化することで、読者はその感情をより深く理解し、共感しやすくなります。

また、感情の変化を描くことも重要です。

登場人物が感じる感情がシーンごとに変化する様子を描くことで、物語にリズムと深みを与え、読者の興味を引き続けることができます。

読者に思いを伝える効果的な方法

文章を通じて自分の思いを伝える際には、直接的すぎる表現よりも、読者が自分で考えたり、感じたりできるような書き方が効果的です。

メッセージを隠喩《いんゆ》や喩《たと》え話で表現することで、読者に考える余地を与え、より深い理解や共感を促《うなが》します。「隠喩」というのは、比喩の一つで、「時は金なり」のように、そのものの特徴を、直接的にほかのもので表現する方法です。

自分の考えやメッセージを伝える際には、読者が共感しやすい言葉を選び、読者の立場に立って考えることが大切です。

読者の性別、世代によっても、大きな違いがあるでしょう。自分の思いを、読者が共感できるような形で伝えることで、文章はより強い影響力を持ちます。

また、物語や内容に、自分の経験や喜怒哀楽の感情を織り交ぜることで、文章に説得力とリアリティーが生まれます。

自分自身の体験や感情を通じて、読者にメッセージを伝える。

それによって、文章はより心に残るものになります。

たとえば、

「私は3回も大学受験に失敗しました。」

という文章は、それだけで、同じような経験をした人の興味や共感を引き出せるでしょう。自分の体験ほどリアリティーのあるものはありません。

驚きや喜びを与える文章の構造

読者に驚きや喜びを与える文章の構造には、予想外の展開や解決があることが条件、といってもいいほどです。

読者が予想していない展開や結末を用意することで、彼らの好奇心を刺激し、物語への興味を持続させます。

物語や内容に予想外の要素を組み込む際には、それが無理のない範囲であることが重要です。

突飛すぎる展開や解決は、読者を遠ざけることになりかねません。

逆に、物語の流れの中で自然に収まるような驚きや喜びの要素を用意することで、読者は満足感を得ることができます。

また、ユーモアやアイロニー（風刺、逆説的な表現）を取り入れることも、読者に驚きや喜びを提供する効果的な方法です。

期待を裏切るようなユーモアや、皮肉なアイロニーは、読者に新鮮な驚きを与え、彼らを物語に引き込みます。

文章を書く際、読者との対話を生み出すことは、彼らを物語に深く没入させるカギとなります。

読者が物語や内容に自分ごととして関われるようにするためには、直接的な問いかけや、読者を想起させるような描写を用いると効果的です。

直接的な問いかけは、読者に対して自分の意見や感想を考えさせるよい機会を提供します。

たとえば、

「あなたならどうしますか？」

「あなたがこの状況にいたら？」

というような問いかけは、読者に自分の立場で物語を考えさせ、より深い関与を促します。

また、読者の経験や感情に訴えかけるような描写を行うことで、読者の一人ひとりが自分自身の体験と物語を、重ね合わせるようになります。

これにより、読者は物語の中に自分自身を見つけ、より強い共感を覚えるでしょう。

テーマ別のアプローチで読者を夢中に

読者を夢中にさせるためには、テーマに応じた異なるアプローチが有効です。

たとえば、恋愛の物語では感情豊かな描写を、ミステリーでは謎解きを中心とした緊張感のある文体で、自己啓発ものでは、具体的な行動指針や励ましを提供することが望ましいでしょう。

恋愛について書いているのに、堅苦しい表現ばかりでは、読者の心は、ロマンティックな気持ちから、どんどん離れてしまいます。

あるいは、ビジネス書を書いているのに、抽象的なキラキラ表現では、説得力がないでしょう。

テーマに応じたアプローチとは、こうした**「テーマに合った書き方、表現をする」**ということです。

ただし、どんなテーマを扱うにしても、できるだけ、日常的な生活の中のトピックスを入れ込むことが大切です。

それこそが読者の共感を得る、一番のポイントです。

つまりは、それが読者の心をつかむわけです。

テーマに応じてアプローチを変えることとは、そのテーマに興味を持つ読者にとって魅力的な内容になります。

たとえば、

「私の水曜日の朝は、毎週、ちょっと変わっています」

と書くだけで、〝何が変わっているのだろう？　早起きかな？　いや、もっと変わった習慣かな?〟というように引き入れられる人が増えるのです。

また、それぞれのテーマが持つ独自の魅力を最大限に引き出し、読者に新しい視点や感動を提供することができます。

テーマに合わせて、構成や言葉選びを工夫することも重要です。

テーマの持つ雰囲気やメッセージに合わせた表現を用いることで、文章はより効果的に読者の心をとらえます。

4
章

言葉遊びの達人になろう

言葉を自由に操る——それが文章を輝かせる秘密

言葉遊びは、文章を彩《いろど》る魔法のようなものです。

「言葉遊び」とは、「言葉の持つ音の響きやリズムを楽しんだり、同音異義語を連想する面白さや可笑しさを楽しむ遊び」です。

しりとりや語呂合わせ、アナグラム（文字や語句を並び換えて別の言葉にすること）や回文、なぞかけ、ことわざやパロディーなどのことです。

そうした遊びをすることで、「言葉」に慣れていきます。それまで知らなかった言葉や表現を見つけることもあるでしょう。

言葉の一つひとつには、それぞれ異なる色や響きがあり、それらを巧みに組み合わせることで、文章は輝きを増します。

言葉を自由に操るためには、まず「多読多聴《たどくたちょう》」を心がけ、さまざまな言葉に触れることが大切です。

本を書ける人、プロの作家になるには、表現力、漢字力、歴史力など、多岐《たき》にわたる知識が必要です。

たとえば犯罪ものを書くには、警察の内部の様子について、知っていることも必要なくらいです。つまり「知らないこと」は、書きようもないわけです。

ふだんのメールやメッセージなどの文章においても、同じ意味でも異なる言葉を使うことで、まったく違った印象を与えることができます。

たとえば、「笑う」と「微笑む」では、その表現する情景の温度感が異なります。

このように、言葉の選択一つで、文章の雰囲気や伝えたい感情のニュアンスを、大きく変えることができるのです。

また、**言葉の組み合わせによって、新たな表現や意味を生み出す**ことも、言葉遊びの醍醐味です。

最近は、言葉遊びのカードゲームも多くあるようですが、想像力や創造力を刺激し、思考の幅を広げる素晴らしいツールだと思います。

日常的な言葉を新しい文脈で使用したり、意外な言葉を組み合わせることで、思考が活性化され、新たなアイデアが生まれます。

たとえば、物語を書く際には、登場人物の性格や状況に合わせて、ふだん使わないような言葉を選んでみるとよいでしょう。

これにより、キャラクターに深みを与えるとともに、読者に新鮮な印象を与えることができます。

豊かな語彙で文章を彩る方法

文章に深みと豊かさを加えるためには、語彙の豊富さが不可欠です。幅広い言葉を知ることで、同じ意味でもさまざまなニュアンスを表現できるようになります。

豊かな語彙を身につけるためには、まず多様なジャンルの書籍や記事を読むことが有効です。恋愛小説、歴史小説、ミステリー小説などの小説や、エッセイ、短歌などなど、好きなジャンルを広げていきましょう。

新しい言葉に出合ったときは、その言葉が持つ意味や響きをじっくりと味わい、メモしておくといいと思います。

また、ふだん使い慣れていない言葉を意識的に文章に取り入れることで、自然と語彙が広がっていきます。私はこれのプロ！　といえるかもしれません。

さらに、日々の生活の中で新しい言葉や表現に出合った際には、それをメモしておく習慣をつけるとよいでしょう。外国語も有効です。

このようにして集めた言葉を、ときどき見返してみることで、言葉に対する感覚が磨かれます。

印象深い文章を書くためには、**言葉の持つ力を最大限に活用する**必要があります。

このためには、言葉の意味だけでなく、その言葉が持つニュアンスやイメージにも注意を払うことが大切です。

たとえば、風景を描写する際には、ただ見たままを記述するのではなく、その風景が持つ印象や雰囲気を言葉で表現します。もちろん、そのまま、その風景を撮影しておくのもいいでしょう。

夕暮れの空を、「赤い」と表現するのではなく、「不気味な赤色」「燃えるような夕焼け」と表現することで、より豊かな情景を描き出すことができます。

印象深い文章を書くためには、読者の五感に訴えかけるような表現を心がけることも重要です。五感とは、「視覚」「聴覚」「触覚」「味覚」「嗅覚」をいいますが、これらを刺激するような言葉を選び、読者が文章を通じて、実際にそれを感じ取ることができるようにするのです。

比喩を駆使して文章に深みを与える

読者の心に残る表現を見つけるためには、日常的な観察がカギとなります。

日常生活の中で感じるさまざまな感情や、人々の行動、自然の美しさなど、周囲の世界を注意深く観察し、それを言葉にしてみましょう。

また、自分自身の感情を深く掘り下げ、それを表現することも大切です。個人的な体験や感情を文章に込めることで、読者は共感しやすくなり、その表現が心に残るものとなります。

また、具体的なエピソードを用いることも、印象に残る表現を生み出す効果的な方法です。

たとえば、

「老女がコートを着て、道に横たわっていた」

という文章より、

「老女が真っ赤なコートを着て、道に横たわっていた」

というほうが、思わず引き入れられる、ということがあるでしょう。

描写を詳細にすることで、読者に鮮明なイメージを提供し、物語やメッセージをよりリアルに感じさせます。

文章に深みを与えるためには、**比喩やメタファー（暗喩《あんゆ》）を効果的に使う**ことも有効です。

具体的なイメージと抽象的な概念を結びつけることで、読者に強い印象を与えることができます。

比喩とは、あることをわかりやすく説明するために、似ているものに置き換える方法で、文章を彩る強力なツールです。

抽象的な概念や感情を、具体的で視覚的なイメージに置き換えることで、読者に深い印象を与えることができます。

たとえば「可憐《かれん》な人」というより、「スミレの花のような人」というほうが、イメージしやすいでしょう？

比喩を使う際には、そのイメージが読者にとって親しみやすいものであることが重要です。それによって読者は、文章の意図や感情を理解し、共感しやすくなります。

また、暗喩とは、「人生は長い旅だ」という言葉の中に「大変なのだ」という意味が込められている状況を指します。

ただ、ありふれた比喩よりも、独自の視点から生み出された新しい比喩のほうが、読者の興味を引き、記憶に残りやすいでしょう。けれども、これはハイレベルになりますので、無理に使うことはありません。

さまざまな文体で遊ぶ楽しさ

文章を書く際には、さまざまな文体を試してみることも重要です。文体を変えることで、同じ内容でもまったく異なる印象を与えることができます。

詩的な文体、会話調、フォーマルな文体、カジュアルな文体など、多様なスタイルを試してみることで、文章の幅が広がります。

異なる文体を試すことは、自分自身の文章に対する理解を深めるとともに、表現の可能性を広げる機会となります。

さまざまな文体で遊ぶことは、文章を書く楽しみを倍増させます。自分の好みや特技に合った文体を見つけることで、文章はより個性的で魅力的なものになります。

言葉遊びを楽しむためには、日頃から言葉に対する好奇心を持ち、さまざまな文体やジャンルのテキストに触れることが有効です。

異なるジャンルの作品を読むことで、言葉の使い方の幅が広がり、自分の表現力も豊かになります。

5章

文章に命を吹き込む方法

登場人物や風景で読者を物語の世界へ誘う

物語の世界に読者を引き込むためには、登場人物や風景の描写が非常に重要です。登場人物の詳細な描写は、彼らの個性や背景を明確にし、読者に感情的なつながりを提供します。

物語に深みを与えるためには、**魅力的なキャラクターづくり**が不可欠です。たとえば、登場人物の外見だけでなく、彼らの思考や感情、話し方などを丁寧に描写することで、キャラクターに奥行きと深みが生まれます。

キャラクターがリアルで魅力的であればあるほど、読者は物語に没入しやすくなります。キャラクターづくりの際には、彼らの過去の背景や動機、内面的な葛藤などを考慮に入れることが重要です。

また、キャラクターの成長や変化を描くことも、物語に深みを加える有効な方法です。物語の進行とともに、キャラクターが内面的に成長する様子を描くことで、読者は、より強い感情的なつながりを主人公に感じることができます。

風景描写もまた、物語の舞台となる世界を、読者に提示する重要な手段です。

風景を詳細に描写することで、物語の世界観を豊かにします。

たとえば、田園の静かな村や活気あふれる都市の風景を詳細に描くことで、読者はその世界により深く没入することができます。つまり物語の舞台が、読者の心に鮮明に浮かび上がるように描くのです。

風景はただの背景ではなく、物語に情感や雰囲気を加える重要な要素になります。

風景描写には、季節感や時間の流れを反映させることも効果的です。

春の花々の咲き乱れる風景や、夏の暑い日差しの中を行く人々の様子など、季節感を取り入れることで、物語にリアリティーと生活感をもたらすことができます。

風景は物語のムードやトーンを設定するのにも役立ちます。

陰うつな雰囲気の森や、明るく開放的な海辺など、風景の描写を通じて物語の感情的な背景をつくり出すことができます。

誰か一人、たとえば村上春樹のような、風景描写の上手な作家を見つけて、勉強するといいでしょう。

細部にこだわったリアルな描写

物語に命を吹き込むためには、登場人物の感情を丁寧に描写することが欠かせません。登場人物の感情は物語の中核を成し、読者が物語に感情移入するためのカギとなります。喜び、悲しみ、恐怖、驚きなど、幅広い感情の描写を通じて、キャラクターの内面を深く掘り下げ、物語にリアリティーをもたらします。

感情の描写には、**具体的な身体的な反応や行動、内面的な思考を組み合わせる**ことが効果的です。

たとえば、喜びを表現する際には、笑顔や跳び上がる様子だけでなく、内心の高揚感や喜びの理由を描写することで、その感情をよりリアルに伝えることができます。

物語にリアリティーを与えるためには、細部にこだわった描写が不可欠です。登場人物の服装や持ち物、住む家の様子、街並みの描写など、細かいディテールは物語の世界をより具体的で信じられるものにします。

細部の描写は、読者が物語の世界に浸るための手がかりとなります。

リアルな描写を通じて、読者は物語の中で、登場人物とともに歩んでいるような感覚を得ることができます。

また、細部の描写は、物語の雰囲気やトーンを設定するのにも役立ちます。

たとえば、古い家具が並ぶ家の内部の描写は、物語に古風で神秘的な雰囲気を与えることができます。

サスペンスと驚きを生むプロットのつくり方

物語をより魅力的にするためには、読者の想像力を刺激するストーリーテリングが必要です。

「ストーリーテリング」とは、自分の書くこと、主張したいことに説得力を持たせるために、自分の体験談や既存の物語などの「ストーリー」を使う手法です。

それらを通じて読者に独自の世界を提示し、彼らにその世界を自分のものとして想像させることで、物語はより深い層を持つようになります。

また読者の興味を引くために、物語の進行中に、読者が想像を膨らませる余地を残すことも重要です。

たとえば、物語の結末を明確に示すのではなく、いくつかの可能性を残しておくことで、読者は自分自身で、物語を完成させる楽しみを味わうことができます。

予想外の展開や意外な結末を用意することで、読者の想像力を刺激しましょう。

読者は思いもしなかった展開に、物語に新鮮さを感じ、物語に引き込まれます。

物語のプロット（筋立て）は、読者を引き込むための骨組みや展開となります。

効果的なプロットづくりには、物語の始まりから終わりまで、一貫した流れとなってつながり、それに劇的な展開が必要です。

はじめに、物語の主要なコンフリクト（緊張状態）や、ぶつかり合う問題を設定し、それが物語全体を通じてどのように発展し、解決されるのかを考えます。

次に何が起こるのか、読者が予測できないような展開を取り入れることで、彼らの興味を持続させ、ページをめくる手を止めないようにすること。それによって素晴らしい作品になるのです。

物語にサスペンスと驚きの要素を加えることは、読者をその物語に夢中にさせる効果的な手段です。

サスペンスは、未解決の謎や、予測不可能な出来事によって生み出されます。

物語に不確定要素や予想外の展開を取り入れることで、読者は物語の行方を知りたくなります。

また、驚きの要素は、物語に新鮮さをもたらし、読者の好奇心を刺激します。

たとえば、予期せぬキャラクターの登場や、思いがけない事実の明らかになるシーンは、物語にスリルと興奮を加えます。

また、主要なキャラクターの成長や変化を取り入れることも、物語の筋立てや構成には重要です。

キャラクターが、物語の中で直面する困難を通じて学び、成長する様子を描くことで、読者は物語に深く共感し、感情的に関わることができます。

サスペンスと驚きを生む展開は、物語をよりダイナミックで記憶に残りやすいものにします。これらの要素をうまく取り入れることで、読者は最後まで物語から目が離せなくなります。

そんな文章を自分で書くことができるようになったら――。

そう考えただけで、あなた自身、ワクワクしてくるのではないでしょうか？

いますぐにも書き始めたい、その気持ちを持つことも、文章を書いていく上での大切な要素です。

自分の体験や思いを心に響く文章で伝える方法

自分の体験や思いを文章にすることは、時に読者に深い共感を呼び起こす力を持っています。

自分だけが知る経験や感情を文章で表現する際には、具体性と正直さが重要です。具体的なエピソードを用いることで、読者はその場面を容易に想像し、感情移入しやすくなります。

また、自分の感情や気持ちを率直に表現することで、文章は真実味を帯び、読者に強く響きます。

自分自身の感情をそのまま言葉にすることは、時に勇気が必要ですが、その正直さが読者の心に届くのです。

個人的な経験を文章にする際のカギは、その経験が持つ、普遍的な意味を見つけることです。自分にとっての特別な体験も、それを普遍的なテーマに結びつけることで、より多くの人に共感を呼びます。

たとえば、失恋や成功の経験を書く際には、単に出来事を記述するのではなく、それが自己成長に、どのようなプラスになったか、読者にとって、どのような意味があるかを考えるとよいでしょう。

このようにして、個人的な体験を普遍的なメッセージに変換することが、読者に響く文章を書く秘訣です。そのためには、年齢や場所を書くことが必要です。

独自性のある魅力的なストーリーをつくり出す上で、何歳のとき、どんな経験をしたのか？　といった自分だけの視点で物語を紡《つむ》ぐことは重要です。

自分独自の生活や視点、それに解釈を物語に取り入れることで、読者に新しい体験や考え方を提供することができます。

そして、自分だけの視点を活かすためには、日常生活での観察や思考を深めることが有効です。ふだんから、さまざまな角度から物事を見る習慣をつけることで、独自の視点が養われ、それが物語の創作に役立ちます。

自伝的な文章の魅力を引き出す

自伝的な文章は、個人の経験と感情が、深く反映されるジャンルです。

このタイプの文章は、書き手の人生や考え方に対する深い考え方と洞察を提供し、読者に強い共感や感動を与えることができます。

自伝的な文章の魅力を引き出すためには、自分自身の経験を正直に、そして率直に伝えることが重要です。

この際、個人の体験を通じて得た教訓や洞察を共有することで、読者は書き手の人生から、人生の学びやヒントを見出すことができます。


また、**自分の弱さや失敗を含めて語ること**で、文章に真実味と人間味が生まれ、読者とのつながりが深まります。

個人的な体験を、多くの人々が共感できる物語に変えるためには、その体験が持つ日常性の広いテーマを見つけ出すことがカギです。

たとえば、恋愛、仕事、友情、家族関係など、人々が共感しやすいテーマに自分の体験を結びつけることで、読者は自分自身の経験と重ね合わせ、その物語に深く没入することができます。

感情を率直に表現し、読者が共感しやすいように、情感豊かに語ることも重要です。読者が自分の感情を物語の中で見つけることができれば、物語はより心に残るものとなります。

感情を込めた語り口のつくり方

感情を込めた語り口は、文章に深みと魅力を与えます。
自分の感情を率直に表現することで、読者は書き手の心情に共感しやすくなります。
このためには、自分の感情をドラマティックに言葉にすることが必要です。
感情を込めた語り口をつくるためには、自分がその感情を感じた瞬間や状況を思い出し、そのときの心情を言葉にする練習をするとよいでしょう。また、読者に感情を伝えるために、言葉の選び方や文章のリズムにも注意を払います。

言葉の響きが生み出すリズムは、読者に快感を与え、文章をより印象深いものにします。文章にリズム感を持たせることは、読者が文章を読む際の快適さを高めます。言葉のリズムは、読者の読み進める速度や感情の流れに影響を与えるため、文章の効果を大きく左右します。

リズムを生み出すためには、短い文と長い文をバランスよく使い分けることが効果的です。これは、同じ言葉の繰り返しや響きを意識した言葉選びも、リズム感を生み出すのに役立ちます。

言葉のリズムに注意を払うことで、文章はより音楽的になり、読者に心地よい読書体験を提供することができます。

個性を活かした独自の文章スタイル

自己表現を通じたストーリーテリングでは、自分の経験や考え方を正直に表現し、それを物語に織り交ぜることが大切です。

読者は書き手の個性や内面を通じて新しい視点を得ることができ、物語に深く共感することができます。

この自己表現を中心にしたストーリーテリングは、書き手自身の個性や考え方が、強く反映されるものです。

このタイプの物語は、書き手の独自の視点や感情が色濃く表れ、読者に独特な体験を提供します。

その際、個性を活かした独自の文章スタイルを確立することは、自分だけの物語を紡ぐ上で非常に重要です。

自分の文体や表現方法を見つけることで、ほかにはないユニークな作品をつくり出すことができます。

このためには、自分が好きな文体や自然に書けるスタイルを探究し、それを磨くことが大切です。

また、異なるジャンルやスタイルの作品を読むことで、自分の文章に新しい要素を取り入れることもできます。できるだけ多くの作家たちの小説やノンフィクションを読むことです

自分の個性と他の作品からの影響を組み合わせることで、独自性のある文章スタイルが生まれます。

自分の考えを表現する力を養う

自分の考えを明確に表現する力は、自分だけの物語を紡ぐために不可欠です。

自分の考えや意見をはっきりと述べることで、文章に説得力と深みが生まれます。

このスキルを養うためには、日常的に自分の考えを、言語化する練習をすることが効果的です。


他人の意見や考え方を聞き、それに対する自分の反応や考えを整理しましょう。

本を読んだとき、誰かの講演を聴いたとき、あるいはもっと身近に、会社の上司や同僚、部下の話を聞いたときに、その話について、自分は何を、どう感じたのか。それについて自分は、どういう考えを持っているのか。

そのように、相手の話の視点を理解し、それに対する、自分の立場を明確にすることで、自分の考えを、文章にして表現する力が養われます。

その意味では、文章のスキルを上げる課題は、私たちの日常にあふれている、ということです。

文章を書くネタがない、という人がいますが、そんなことはないはずです。

あなたに起こっている、すべてのことが、文章になります。

「同窓会で元カレ、元カノに出会った」「火事騒動に巻き込まれた」「怪しげな電話がかかってきた」「父親が認知症になってしまった」……など、人生の出来事を文章にすることは、自己表現の楽しみの一つであり、自分自身の成長につながります。

自分の経験や感情を文章にすることで、その出来事を振り返り、新たな意味を見出すことができるからです。

また、自分の体験を共有することで、読者との共感やつながりを生み出すこともできます。

その際には、その出来事が持つ感情や影響を、丁寧に描写することが重要です。

自分の感情や考えを素直に表現することで、読者にもその感情が伝わりやすくなります。

6
章

感動を生む！いまどきの文章スタイル

ソーシャルメディア時代の「新しい文章スタイル」

いまの読者に響く文章を書くためには、時代の変化を理解し、新しいスタイルを探求する必要があります。

特にデジタル時代は、情報が速く、短く、そして魅力的であることが重要です。読者の注意を引きつけ、注目を維持するためには、キレのいいダイナミックな文章が求められます。

この時代の読者は、**一瞬で情報を処理し、次へと移る**傾向があります。

そのため、伝えたいメッセージを直接的に、わかりやすく表現することがカギとなります。

簡潔さとともに、読者の感情に訴えかけるストーリーテリングも重要です。情報を単なる事実の羅列ではなく、感情や体験を通じて伝えることで、読者の心に残る文章を生み出すのです。

また、いまの読者は対話型であり、時に参加を好むため、彼らを物語に加えるようなアプローチも有効です。

読者が自らの想像力や体験を、文章に投影できるような書き方を心がけることで、より深い共感や関与を促すことができます。

いまは誰でも手軽に情報を発信できるだけに、ソーシャルメディア時代の文章の書き方は、スピードと簡潔さを重視します。

読者の時間は貴重であり、限られた文字数の中で強い印象を残すことが求められます。短い文章であっても、明確なメッセージと感動させる魅力を持たせることが大切でしょう。

現代の読者はリアルタイムで情報を消費し、その場で反応します。

そのため、現在の話題やトレンドに敏感であること、そしてそれらを素早く文章に反映させる能力が必要です。

また、読者と直接対話するかのような親密さを持たせることで、彼らの関心を引く、つまりは満足感を満たしましょう。

ネット上の文章は、しばしばビジュアル要素と組み合わせて使用されます。

そのため、言葉だけでなく、写真など、ビジュアルな情報を加えた文章作成が重要になります。

そういった文章は、アマチュア作家でも、より強いメッセージを伝え、読者に深い印象を残せるのです。

トレンドを取り入れたスタイリッシュな表現

最新の文章では、読者層の流行や傾向、トレンドを意識したスタイリッシュな表現が求められます。

特に若い世代の読者に対しては、最新のスラングや流行りのフレーズを取り入れることで、親しみやすさと新鮮さを提供することができます。

しかし、トレンドを追いすぎると、逆に時代遅れになるリスクもあるため、バランスのとれた使い方が重要です。

トレンドを取り入れる際には、その背景や意味を理解し、適切な文脈で使用することが大切です。

また、トレンドをただ追うのではなく、自分なりの解釈やスピン、角度を加えることで、オリジナリティーのある表現を生み出すことができます。

これにより、**読者に新しい視点や考え方を提示し、より深い関心を引き出す**ことが可能になります。

デジタル世代の読者は、テクノロジーと密接に関わっており、その影響を受けた表現に対しては結構、感度が高いものです。

このため、新しいテクノロジー、ソーシャルメディア、インターネット文化などを反映した表現を取り入れることが効果的です。

また、ハイパーリンクやマルチメディア要素を組み合わせることで、読者の体験を豊かにし、彼らの関心を引きつけることができます。

ショートフォームで伝える技術

デジタル時代の文章作成では、「ショートフォーム」の技術がますます重要になっています。

「ショートフォーム」とは、文字通り、「短いコンテンツ」のことです。

SNSやTikTokなど、限られた文字数、時間の中で、効果的にメッセージを伝えるには、言葉を選び抜き、文章の核心を突く能力が求められます。

ショートフォームで読者の心をつかむには、明瞭で印象的な言葉を使い、読者の注意を一瞬で引きつけなければなりません。

このとき、強いビジュアルや感情を呼び起こす言葉遣いが効果的です。簡潔でありながらも、言葉の一つひとつに重みを持たせ、読者に深い印象を残すことが重要になります。

ショートフォームのコンテンツは、読者の記憶に残りやすく、ＳＮＳなどでの拡散にも適しています。

そこで意識したいのは、**「正しい文章」より「伝わる文章」**「伝わる言葉遣い」です。「ら抜き言葉」など、あえて話し言葉を使うというのも有効です。

若者言葉など、自分の世代とは違う言葉遣いを用いる際には、その言葉が持つ意味やニュアンスを正確に把握することが重要です。

どんな言葉も、それを効果的に使用するためには、その言葉が生まれた背景や文化を理解することです。

たとえば若者の言葉遣いを文章に取り入れることで、若い読者に直接訴えかけることができます。この世代特有の言葉遣いや表現方法を理解し、それを適切に使用することができれば、文章はより鮮やかでイキイキとしたものになります。

クリエイティブなアイデアで読者を引きつける

デジタルメディアで文章を作成するときには、ビジュアルとの組み合わせが非常に重要です。画像や動画などのビジュアルは、文章のメッセージを強化し、読者により深い理解をもたらします。

ビジュアルを効果的に使用することで、文章だけでは伝えられない、感情的な印象を与えることにもなるでしょう。

文章とビジュアルの組み合わせでは、その両方があることで、どちらも補完し合うように注意を払います。

ビジュアルは文章の内容を視覚的に表現し、文章はビジュアルが伝えるメッセージを深化させる役割を果たします。

このようにして、文章とビジュアルは一体となり、読者に強い印象を残すことになるのです。

こうしたクリエイティブなアイデアが、読者を引きつける要素となります。

さらに**既存の枠を超えた発想や、新しい視点を文章に取り入れる**ことで、読者に新鮮な体験を提供することができます。

クリエイティブなアイデアを生み出すためには、異なる分野や文化からインスピレーションを得ることが効果的です。

また、物語の構造や表現方法を工夫することも、クリエイティブな文章作成に寄与します。伝統的な形式にとらわれず、新しい方法で物語を語ることで、読者に驚きや発見を与えることが可能です。

このようなクリエイティブなアプローチは、文章に深みと魅力を与え、読者の関心を引きつけるはずです。

メディアの多様化に対応したライティング

メディアの多様化に伴い、ライティングの手法も変化してきました。

異なるメディアプラットフォームに適応するためには、その特性を理解し、それに合わせた文章作成が求められます。

たとえば、ブログでは長めの、詳細な記事が適している一方で、X（旧Twitter）やInstagramでは、短く鋭いメッセージが効果的です。

現代的な感性を文章に反映させることは、読者とのつながりを強化します。

これには、現代の社会的、文化的トレンドや問題意識を文章に取り入れることが含まれます。

いまどきの読者は、自分たちの生活や関心事が反映された内容に対して、より深い関心を示すでしょう。

現代的な感性を取り入れた文章は、読者に対して共感や共鳴を呼び起こす効果もあります。これにより、読者は自分自身の体験や感情を文章に投影し、より深い共感を感じることができます。

また、時代の空気を反映した言葉遣いやテーマは、文章にリアリティーと緊急性をもたらします。

メディアの多様化に対応するためには、それぞれのプラットフォームの読者層やコンテンツの形式を理解し、それに合わせた文章スタイルを選択する必要があります。

このようにして、異なるメディアプラットフォームに適応することで、より広い範囲の読者にリーチし、メッセージを効果的に伝えることができます。

あなたの文章で読者の心に深い感動を呼び起こす

読者の心に深い感動を呼び起こす文章を書くためには、強い感情や共感を喚起するテーマを選びます。

これは、普遍的な人間の感情や経験に根ざしたものであることが重要です。

たとえば、失恋、死、勇気、ゆるしといったテーマは、いずれも、多くの人々の心に響くものです。

感動的な文章を書く際には、読者が自分自身の経験や感情を投影できるように、詳細かつ感情豊かに描写します。

具体的なエピソードや感情を描き出すことで、読者は物語に没入し、自分自身の感情を反映させることができます。

文章の中で読者の共感を引き出すことが、感動を生み出すカギとなります。

情熱的で説得力のある言葉を使うことで、読者の心を揺さぶりましょう。

もう少し上手になってくると、文章に、深い意味や重要なメッセージを込めることができます。それによって、読者に強い印象を残すことができるようになります。

そのためには、自分の信念や価値観を明確にし、それを文章に反映させる必要があります。

また前にお話ししましたが、ストーリーテリングを利用してメッセージを伝えることも効果的です。

物語の中でキャラクターが直面する困難や、それを乗り越える過程を通じて、メッセージを伝えることで、読者はより深く物語に感情移入し、メッセージを受け入れやすくなります。

自分の危険を顧《かえり》みず、読者の感情に訴えかけるようなプロットをつくり上げることが、感動的なストーリーを構築します。

ストーリーの始まりで読者の注意を引き、徐々に物語を展開させ、最後に強烈な印象を残す結末を用意します。

物語の中でキャラクターが成長し、変化する過程を丁寧に描くことで、読者はキャラクターと共感し、その旅路に感動します。

感動的なストーリーには、人間の心の奥深い部分に触れる要素が含まれています。愛、友情、家族の絆、自己犠牲など、人間の基本的な感情や価値観に訴えかける要素を取り入れることで、読者に強い感動を与えることができます。

それには、言葉の持つ響きや意味を深く理解し、読者の感情を刺激する言葉を選ぶことです。

言葉の選び方は、文章のトーンやテーマに合わせて慎重に行うことが大切です。言葉の一つひとつが持つニュアンスや感情的な重みを考慮し、それを文章全体の流れやリズムに合わせることで、文章はより感動的で心に残るものになります。

読者が共感しやすい具体的な表現を使い、抽象的な言葉よりも具体的な言葉を選ぶことが効果的です。

たとえば、単に「お金持ち」というより、「タワーマンションに住んでいる人」のほうがイメージが湧くでしょう。

感動的な結末をつくるコツ

文章を通じて、感情的な体験を書くことで、読者の感情に訴えることもできます。これには、読者が自分自身の感情や経験と、関連づけられるような描写やストーリーを用いることが含まれます。

感情に訴えかけるには、キャラクターの内面的な感情や変化を、詳細に描くことが大切です。

感情的な状況を描く際には、言葉選びや文章のリズムにも注意し、読者が感情的な旅を経験できるように構成します。

読者が深く共感できるようなストーリーや、主人公の内面を、どれだけ描くことができるかが、読者の心をつかむカギになります。

これには、人間関係や感情の複雑さをリアルに表現し、読者が感情移入しやすい状況をつくり出すことです。

感動的なストーリーでは、人間性の深い部分を探求し、キャラクターの心の動きを丁寧に描き出します。一例をあげれば、母親を描けば感動が生まれませんか？　私は母のことを考えると、すぐ涙がこぼれるほどです。

また、感動を生む文章には、予期せぬ展開やサプライズが含まれることが多いです。読者の期待を裏切りつつも、最終的には心温まる解決や結末を提示することで、感動的な体験を提供します。

ストーリーの終わりには、読者が感じた感情を解放し、深い共感や感動を呼び起こすような結末を用意します。それには、物語全体を通じて築き上げられた感情的な盛り上がりを、適切に解決することが必要です。

物語のクライマックスでキャラクターの心理的な変化や決断を描き、それが読者に強い感情的な反応を引き起こすようにすることです。

キャラクターの成長や変化、解決されるべき問題や、ビジネスにおける対立や衝突など、コンフリクトを丁寧に描くことで、結末は、物語の始まりから積み重ねられたテーマやメッセージを反映し、読者に深い印象を残すものであるべきです。

人生の大切な瞬間を文章にする

人生の大切な瞬間を文章にすることは、感動を生む強力な手段です。

これらの瞬間は、しばしば深い感情や重要な意味を持ち、読者の心に強く響きます。人生の転機、重要な出来事、特別な思い出などを文章にする際には、その瞬間の感情や周囲の環境を詳細に描写し、読者がその場面を目の前に見るように感じられるようにします。

これらの瞬間を描く際には、個人的な感情や経験を深く掘り下げ、読者に共感や感動を与えるエピソードを提供することが重要です。

また、人生の大切な瞬間は、普遍的な感情や経験に基づいていることが多いため、多くの読者が自分自身の体験と重ね合わせることができます。

強い印象を残すための表現を文章に取り入れることは、感動を生む上で非常に効果的です。

そのための一つの方法として、**文章のリズムや音韻にも注意を払う**ことです。

私は「長短長短長々短」といった具合に文章を書きますが、たとえば、2〜3行の文章（つまり「長」）を書いたら、次は1行にも満たない文（つまり「短」）にします。それを繰り返したあとは、「長」の文章を続け、「短」で締める、というわけです。

こうした「リズム」を取り入れることで、文章は読みやすくなります。リズミカルな文章や響きの美しい言葉遣いは、読者の感情に訴えかけ、文章全体の印象を強化します。読者が文章を読んだあとに残る印象は、感動を深め、物語の意味やメッセージを強化します。

そして、さらに大切なのは、その読後感です。

読者が文章を読み終えたあとに感じる読後感を大切にすることは、感動的な文章作成の重要な要素です。読後感は、物語の結末だけでなく、全体のテーマやキャラクターの成長、メッセージが総合的に影響します。

このため、文章全体を通じて、読者が読み終えたあとに感じる感情や思考を意識して書くことが重要です。

文章作成の際には、読者がどのような感情や考えを持ち去るのかを考え、それに合わせてストーリーを構築します。

読者が感じる喜び、悲しみ、驚き、啓発などの感情は、文章の価値を高め、読者の記憶に深く刻まれます。

感動的な読後感を残すためには、文章の終わりに適切な解決や結論を用意し、読者に「面白かった!」「涙が出てしまった」という感情的な満足感を提供しましょう。

7章

実践！　SNSで実際に書いてみよう

文章の練習にはＳＮＳが最適！

文章がうまくなりたいと願う人に、具体的に教えたいことがあります。
それは、インターネットを活用した文章の練習の大切さです。
ＳＮＳやブログ、メルマガなどを使って、文章をたくさん書いていくのです。
文章力を高めるには、まずは「量をこなす」ことが、何より大切になります。
当たり前ですが、書けば書くほど文章は上達します。

けれども、しっかりした文章を書き発表する機会は、多くの人にとって、あまりに少ないのです。

しかしこのインターネット時代、SNS時代は、誰でも、自分で発表の場をつくることができます。自分のSNSやブログ、メルマガなどで、書いた文章を披露すればいいのですから。

私は文章塾で、特にSNSで文章を書くことをお勧めしています。

なぜSNSがよいのでしょうか。

その理由は大きく3つあります。

（1）気軽に書ける

（2）いつでもどこでも書ける

（3）量稽古ができる

順番に見ていきましょう。

(1) 気軽に書ける

SNSを勧める1つめの理由は、SNSはとても気軽に書けるからです。

ブログやメルマガをスタートしようとすると、まず読者を集めなければなりません。でもSNSなら、既につながっている人もいるので、読者がまったくのゼロにはなりません。最初は、知人、友人に向けて気軽に書き始めればいいのです。

気軽に書けることは、文章の上達の大きな利点です。SNSでは、正式な文章のように、練りに練った表現をすることは必須条件ではありません。思いついたことを素直に表現する。この自由さ、気軽さが、書くことへの恐れを取りのぞき、指先が進むように自然と導いてくれるのです。

(2) いつでもどこでも書ける

次の利点は、いつでも書ける点です。

私たちは、日々の忙しさに追われがちです。しかしSNSならば、スマートフォン一つで、いつでもどこでも書き込みができます。

電車の中、昼休み、就寝前など、小さな時間を利用して、日常的に書く習慣を身につけることができます。

（3）量稽古ができる

そして何よりの利点が、量稽古ができることです。

文章力は、一朝一夕《いっちょういっせき》に身につくものではありません。日々の積み重ねが、自然と力となり技術となるのです。

SNSはその「量をこなす」のに最適な場所です。短いながらも日々の投稿を続けることで、文章力が少しずつ磨かれていくのです。

「いいね」が押される心を動かす文章とは？

ＳＮＳでの投稿は、自分の文章が他の人にどのように受けとめられるか、その反応を直接見ることができる貴重な場所です。

そこでの「いいね」の数は、読者が心を動かされた証《あか》しです。

ＳＮＳで文章の稽古をするときは、できるだけたくさんの「いいね」がいただける文章をめざしましょう。

では、どんな文章を書くと「いいね」が押されるのでしょうか？

あなたが「いいね」を押すときは、どういうときでしょうか?

①驚いたとき
②面白いとき
③感動したとき
④めずらしい話題のとき
⑤もらい泣きをするとき
⑥勉強になったとき
⑦初めての知識を得たとき
⑧実利・実益・実用が含まれているとき

……などなど、まだあるでしょうが、およそこういった、心を揺さぶられる内容の文章を読んだときに、あなたは「いいね」を押したくなるのではありませんか。

あなたが押したくなるときは、ほかの読み手も押したくなるものです。「いいね」が押される文章を書くためには、読み手の心を理解し、感情に訴えかける力が求められます。私はいつも、こういったことを考えながら、ＳＮＳやブログを書いているのです。

書き手がよいと思った文章に「いいね」が押されるとは限らない

しかし、書き手がよいと思った文章に「いいね」が必ずしも押されるわけではないのが、文章の奥深いところであり、面白いところです。

これは「読者の心に文章が届くかどうかは、書き手の意図だけではない」ということとを意味します。

自分の文章の何が読者を動かすのか、その要因は、時に予想外です。だからこそ、SNSは、書き手にとって価値ある稽古場になるのです。

書き始めた最初の頃は「いいね」の数に、一喜一憂しがちになります。

しかし、冷静に数字を確認しましょう。

どんな話材でどんな内容を書いたときに、

・自分の投稿に「いいね」が多くなるのか、逆に少なくなるのか

・文章のどこに関心や共感が集まるのか

それを観察することが何よりも大切です。

SNSでの反応はとてもダイレクトに、読者の興味や感情を映し出します。

どのような内容が反響を呼ぶのか、どの表現が心をつかむのか。これらを観察し、学びましょう。

そうすれば、自分の感覚だけでなく、他人の感覚を読みとることもできるようになっていきます。

自然と、読者に響く文章力を磨き上げることができるようになるのです。

ネットで発信するときのテーマの選び方

ネットでの文章の発信では、テーマの選び方が、読者の関心を引き、共感を生むためにとても大切です。

どのようなテーマを選ぶべきか、そのポイントを3つお伝えします。

（1）多様なテーマを書く
（2）自分だけができる身近なテーマを選ぶ
（3）個人的なテーマより、一般的なテーマを書く

それぞれを詳しく見ていきましょう。

（1）多様なテーマを書く

まず、意外に思われるかもしれませんが、書くテーマはできるだけ多様、多彩にしましょう。

ほとんどの人が、自分の得意テーマや専門分野の内容を書いてしまいます。

もちろん、あなたの専門分野であれば、読み手が納得したり感心したりするネタも思いつきやすいでしょう。だからその文章は「いいね」が多く集まるかもしれません。

しかし得意テーマだけでは、書く内容がすぐに枯渇《こかつ》してしまいます。また、読み手も飽きてしまうものです。

だから「多様なテーマを書く」と決めるのです。

これには思いのほか、勇気がいります。

自分の専門分野ではないテーマで「いいね」を押してもらうには、書く内容だけでなく、短い量でわからせる文章力が必要であるからです。

しかし、そうであるからこそ稽古にいいのです。

多用なテーマで文章を書くためには、日常的に、あなた自身がさまざまなテーマに触れることが大切です。

多様なテーマを書こうとすることで、日々の生活での小さな出来事にも、好奇心を持てるようになるのです。

たとえば、こんなことを意識してみましょう。

①視野を広げる
②読むものを変える
③日常の話す内容を変える
④レベルが上の人に会う
⑤歩く道を変える

5つすべてをやる必要はありません。

まずは1つでいいので、この中から選んでやってみましょう。

これらを少し意識するだけでも、テーマはいくらでも見つかるものです。

文章に書くネタは、毎日の生活の中にたくさんあるのです。それを見つけられるようになると、物書きとして一段レベルが上がることになります。

（2）自分だけができる身近なテーマを選ぶ

次に、自分だけができる話を書きましょう。

あなたの経験や感情は、ほかの誰にも真似できない価値を持っています。

個人的な体験や見方を上手に書くことで、読者に新鮮さや共感を与えることができるのです。

自分だけができる話を書くということは、大きなテーマを書かない、という意味でもあります。

たとえば、すぐに「日本人は」「政治家は」などと書く人がいますが、私を含め、ほとんどの人は、今日の日本を語る立場にはいません。だからそういうテーマは書かないことです。「我々」「私たち」の話ではなく、「私」の話を書きましょう。

また、大きなテーマを扱うと、反論、批判も出やすくなります。

SNSというネットの場所では、反論が出るテーマは書かないようにするほうがいいでしょう。

読んでいて楽しくないと、継続的には読まれなくなっていくからです。

だから、ネットで文章を発表するときは、身近なテーマを選びましょう。生活感を出すのです。

毎日の生活の中で感じる喜びや悩み、小さな発見などのテーマは、多くの読者にとって親しみやすく、共感しやすいものです。

生活感がない文章はなかなか共感されません。具体的で身近なテーマを、毎日の生活の中から拾ってみましょう。

(3) 個人的なテーマより、一般的なテーマを書く

最後に、一般性のあるテーマを選ぶことも大切です。ここまでの話と矛盾していると思う人もいるかもしれませんが、ここが肝心です。

いくら身近で生活感のあるテーマであっても、「今日の晩ごはんは○○でした。おいしかったです」というような、個人的な内容を書いても「いいね」が押されないの

は当然です。

当たり前だと思うかもしれませんが、多くの人がそう書いてしまうのです。

自分の友人や、特定の少数派の人にしか響かないテーマよりも、より多くの人が関心を持つような、普遍的なテーマを選ぶことを意識してみましょう。

たとえば、日常の身近な話題から始めて、文章の起承転結の中で、

①人間関係
②健康
③お金
④仕事
⑤生活の知恵

……「見たり聞いたり試したり」など、多くの人が共感できるテーマに展開してい

くのです。特にお金については、聞いた話ではなく、試した話が求められます。ネットでの文章の発信では、これら3つのポイントを心がけてみましょう。それだけで文章の上達のペースが格段に早まります。

多様性、身近さ、一般性――この3つを意識するだけで、あなたの文章は、より多くの人の心に響くメッセージになり、書くことが楽しくなりますよ。

まずは「いいね」100をめざそう

多様なテーマで自分ができる身近な話を、かつ、普遍的なテーマを選んで、継続的に書いていきましょう。そして、読者の「いいね」の数を調べていくのです。

どのテーマのときに、読者の「いいね」が増えるのか、減るのかを観察しましょう。

もし「いいね」が少ないテーマが見つかったら、同じようなテーマは使わなければいいのです。また男性と女性で「いいね」の数が違っていたら、自分の文章がどちらに合っているか、わかるでしょう。

多様なテーマで続けて書いていく中で、読者の「いいね」の数が増えていけば、あなたの書く腕前がそれだけ上がったということです。

まずは100の「いいね」を目標にしましょう。

この文章の練習には、お得なオマケがついてきます。

テーマをいろいろと変える工夫をして書いていると、あなたが扱える日常の話材が自然と広がるのです。

すると、SNSに限らず、話題が豊富になります。

社内や何かの集まりでのちょっとしたあいさつなどを含め、スピーチをするのも上手になります。どの話材が「いいね」を集めやすいか、あなたは既にわかっているのですから。

鉄板のスピーチネタを、自信を持って披露できるようになります。

スピーチのプロも、セミナーや講演会での話題が増え、話も面白くなるというプラスがあるのです。

SNSの投稿は写真に頼ってはいけない

SNSでの投稿について、最初に注意点が一つあります。

「いいね」を増やそうとすると、つい素敵な写真を使いたいという衝動にかられますが、写真には頼らないことです。

現代のＳＮＳは、写真や画像が主流となっています。特にインスタグラムは画像を載せないと投稿すらできません。

しかし、写真や画像に頼っていては、文章力はいっこうに高まりません。

そこで、文章の練習での投稿では、写真や画像にできるだけ頼らないようにしましょう。画像や動画での発信が全盛の今の時代に、少し味気なく感じるかもしれませんが、文章だけで投稿するのがベストです。

なぜなら、文章力は言葉によってのみ磨かれるものだからです。

写真はもし使うとしても補助的な要素にとどめましょう。主役はあくまでも、あなたの言葉、あなたの文章であるべきです。

このように、ＳＮＳを使った文章の練習は、初心者にも、さらなる高みをめざす人にも最適な練習場です。気軽に始められ、日常的に続けられます。そして、量をこなすことで力が確実に身につきます。

さあ、今日からＳＮＳを文章練習の場として活用してみませんか。

毎日の小さな積み重ねが、やがて大きな成果となって、あなたに返ってくるのです。

「140字」で文章力を磨く

ではここから、具体的な練習の方法を紹介しましょう。

どのSNSを使ったらいいのでしょうか？

自分がよく使っているSNSがあれば、もちろんそれで構いません。ただし、先に書いたように、写真の添付が必ずいるインスタグラムはこの練習には向きません。

どのSNSもまだあまり使っていない人には、「X（旧Twitter）」がお勧めです。

その理由は、「X」では通常のユーザー（無料ユーザー）は、日本語での投稿が、全角で１４０字までしか書けないからです。

量稽古のスタートは、短い文字数から始めたほうがよいのです。

短いほうが気軽に書けます。

また、短い言葉にメッセージを凝縮させることができるようになってくると、文章に力が宿っていきます。

ダラダラと、いらないことまで書いてしまうのを防ぐことができます。

気軽にスタートでき、１４０字という制約の中で、意味のあるメッセージを選び抜いて伝える練習ができる。そんなXは、よい稽古場といえるでしょう。

この１４０字という短さこそが、あなたの文章力を磨くカギとなるのです。

１４０字でも書くプロであれば、起承転結の流れで、話題を美しく展開させることはできます。しかしそれは多くの人にとっては難しいでしょう。

では、１４０字で、どのように効果的に文章を表現すればいいでしょうか。

私は、Xで発信するときは、**「伝えたいことを一つに絞る」**ことを推奨しています。

まずは、伝えたい中心となるアイデアを明確にします。

次に、そのアイデアをもっとも効果的に伝えるための言葉を選び、その言葉を使って、短く簡潔にメッセージを構築します。

そして、中心のメッセージを補うための理由や具体的な事例を書きます。おそらくそれだけで、既に140字になっているでしょう。

短い文章を書く練習をすることで、言葉の選択により敏感になり、メッセージの核心をとらえるスキルを磨くことができます。

また、Xの短い文章は読者にとっても読みやすく、あなたのメッセージがより多くの読者に伝わることにもつながります。

５００字で「起承転結」で書く練習をしよう

「X（旧Twitter）」での１４０字の投稿で、ＳＮＳでの発信に慣れてきたら、次の段階に進みましょう。

次は５００字前後で文章を書く練習です。

ＳＮＳで文章を書くにあたって、スマートフォン時代を生きる私たちにとって、５００字前後で表現することは特に大切です。

私の経験上、この長さはスマートフォンの画面で読むのにちょうどよく、読者が負担なく読み進めるのに最適な文字数なのです。

そして、500字の文章というのは、上手に書けば、かなりの内容を盛り込むことができます。だから文章力の基礎をつくるのに、とてもよいのです。

ではなぜ、500字での練習が文章の基礎力になるのでしょうか。

それは「起承転結」の構成で文章を書く練習に最適だからです。

起承転結で文章が書けるようになると、文章のリズムと流れを身につけられるようになります。

特にネットのように、速いペースで情報がどんどん流れていってしまう場所では、起承転結の原則を活用することで、読者の注意をぐっととらえ、メッセージを効果的に伝えることができます。

ここでより詳しく、起承転結の解説をしてみましょう。

［起］……………話題や状況がイメージできることから書き始める
［承］……………［起］の内容をさらに詳しく書き進める
［転］……………読み手を驚かせる変化をつける
［結］……………結論を示して、余韻をつくる

例があるほうがわかりやすいので、私がコロナ禍のさなかに、ワクチンの接種で病院に行ったときのFacebookの投稿を紹介しましょう。

【ユーモアは病を治す】

［起］

インフルエンザのワクチンを打ちに、近くの医院に行った。高齢者は優先順位が先なので、ありがたい。土曜の夕方は休診と思われているのか、待合室には私一人

だった。注射のときには、いつも行くので、知り合いの医師かと思ったら、初めて見る医師だった。

【承】
私の顔と診療表を見比べると「お元気そうですね。でも、あなたにワクチン打てませんよ」というではないか！　私は慌てて「え？　なぜですか？」立ったまま聞くと、笑いながら「89歳なんて、年齢詐称じゃないですか？」という。女性の看護師さんが笑ってる！

【転】
私も思わず声を出して笑ってしまったが、その医師も「年齢詐称と思ってしまうほど、お元気ですねぇ」と、ニコニコしている。私はいっぺんにこの医師が、好きになってしまった。それほどの歳でもないのに、ユーモアを交えて話しかける医師に、私は初めて出会った。私も「あっ、バレてしまいましたか！」と応じると、看護師さんは声を出して笑っている。

［結］

こういう医師だと、病気も治るし、若返るのではないか。これからはちょっとした診察には、この医師に頼みたいと思ってしまった。「病は気から」という言葉もあるが、近頃は「病は医師から」といいたいほど、暗くていい加減なタイプが多い。しかしこんな明るい医師もいることを知って、嬉しかった。

ここから具体的に、起承転結での文章の書き方を解説しましょう。

［起］とは、物語の始まりや状況の設定をするパートです。

ここでは、読者の関心を引きつけるために、興味深いシーンや問題提起から始めましょう。500字などの短い文章では、最初の一文で読者の興味をぐっとつかめるかどうかが勝負です。

たとえば、

「朝、目を覚ますと、窓の外には見慣れぬ風景が広がっていた」

というような一文は、読者にすぐに続きを読みたいと思わせる力があります。

文章を

「今日は〇〇を食べました」

「〇月〇日は」

「私の母は〇歳です」

などというように、「〇〇は」と書き始めてしまう人が多いですが、それはただ事実を書くことになるので、文章に動きが出ません。事実などを硬く始めるのではなく、動きのある表現から書き出すことを考えてみましょう。

私の例でも「インフルエンザのワクチンを打ちに、近くの医院に行った。」と動きのあるシーンから書き出しています。

ここで、「私はインフルエンザのワクチンを打ちに、近くの医院に行った。」とはしないのです。

また、時期的に身近なテーマでありながら、多くの人が関心を持つ内容であることが、一目でわかる書き出しをしています。

もしくは、読者が思わず注目してしまうような、面白い書き出しから始めることを意識してみましょう。1行目が一番、重要です。全部を書き終えたあとに、改めて吟味をしましょう。

次に［承］です。

［承］は、［起］で設定した状況や問題をさらに発展させます。

ここでストーリーや議論を深めることで、読者の興味を保ちます。承の部分は起の導入を受けて、物語や話の背景を広げる役割を持ちます。

私の例では、［起］の待合室での話を受けて、［承］ではストーリーを診療室に進めています。

次に［転］です。

［転］は物語の方向転換や予期せぬ展開を意味します。

ここを工夫することで、読者の興味を最高潮に持っていくことができます。

たとえば、

「しかし、その日は普通の一日ではなかった」

というような一文は、物語に予期せぬ展開をもたらします。

こうすることで読者の好奇心を刺激することができます。

私の例では、［承］での「年齢詐称」として看護師に笑われたという話から、［転］で意外なストーリーに展開させています。

ユーモアのある医師までが一緒に笑うという、普通の病院ではお目にかかれないシーンを描写したのです。

最後に**［結］は、物語や議論の締めくくりを書くパートです。**ここで、始まりに対する答えを示し、読者に満足感や納得感を与える必要があります。

［結］の部分は、話をまとめ上げ、読者に深い印象を残すために、とても大切です。

たとえば、

「そして私は、その日が人生の新たな始まりだと気づいた。それは～」

というような一文は、物語を締めくくり、読者に深い感動を与えることができます。

私の例では、起・承・転と展開してきた締めくくりとして、医者のあり方について述べています。普遍性のある内容でまとめつつ、上から目線にならないように、私の感想として書いているのです。

文章塾で教えていると、［起］と［結］の話がずれてしまう人が多いのです。特に、［転］と［結］で話題を大きく変えたときほど、［結］で話題を適切に戻すことを意識しましょう。

このように短い文章であっても、「起承転結」を意識することで、読者をこちらの世界にぐっと引き込むことができます。

ネットでの発信でも、この原則を活用して、読者の心をつかむ文章をめざしましょう。それによって、あなたの文章はより強く、より鮮明に読者に伝わるのです。

初めて読む人がわかるように書こう

ここでSNSやブログなどのネットで発信するときの注意点を、2つお伝えします。
一つは、初めて読む人がわかるように、毎回書くということです。毎回です。
この練習をやり続けていると、継続的に読んでくれる読者が必ずつくものです。
それはありがたいことなのですが、そうなるといつも読んでくれている人に向けて、ついつい書いてしまいがちになります。

しかし、それでは文章力は身につきません。

自分が書いたものが、友人、知人だけに読まれているうちは、ただの作文や日記のようなものです。

ネットであなたの文章を初めて読んだ人の心をつかみ、その人が継続的に読むようになってこそ、あなたの文章は本物といえます。最初からそれを意識して、そこをめざしましょう。

ただし「初めての人でもわかるように書く」というのは、言葉にするのは簡単ですが、行うのは意外と難しいものです。

なぜなら、わかるように書かれていないというのが、自分だけではなかなか気づけないからです。

たとえば、

「ある年老いた男性と出会い、私は衝撃を受けました」

と、あなたが起承転結の起のパートで書いたとします。

あなたの頭の中には、その具体的な人物が浮かんでいるでしょう。だからこの文章で十分に説明したつもりになってしまうのです。

しかし「年老いた」という表現は、人によっては60歳前後を想像するかもしれませんし、私のような90代を想像するかもしれません。

また、なぜ「衝撃を受けた」のかをどこかで説明しないと、この文章が意味不明になってしまいます。

さらに、［起］の部分でどんな説明を入れるのが最適であるかは、［承］［転］［結］の流れによっても変わります。だから、文章全体を書き終えたあとに、それぞれの説明がこれで伝わるのかを、しっかりとチェックする必要があります。

特に「衝撃を受けた」などの強い言葉は、注意が必要になります。

本人が単に感動しているだけで、読み手にはまったくチンプンカンプンということが起こりやすいのです。

「感動的な気持ちを思い出しながら、その感動を文章で表現すること」
「それが伝わっているかを冷静にチェックすること」

この両立が、書くというプロセスでは必要なのです。

ほかにも「引っ越した」「転職した」「独立した」などと、状況の変化を書くときは、変化の前後の両方を書くことが大切です。

それによって、変化の差がわかり、初めての読者も納得するものです。

しかし、書き手にとってはあまりに自明のことであるので、ついつい書き忘れてしまうのです。

このような細かいところまでを配慮してやっと、初めての人にもわかる文章になります。

それを500字という制限の中でやるのは、とても奥深いことです。

こういうことも意識する必要があるということを、頭に入れておきましょう。

こればかりは量稽古で身につけていくしかありません。

そして、できれば作家や編集者など、文章の専門家を探して、見てもらうとよいでしょう。友だちではなかなか「あなたの文章はわかりにくい」とは、指摘しにくいからです。

ネットだからこそ「上から目線」に気をつけよう

インターネットでの文章を発表するときの2つめの注意点は、

「上から目線にならない」

ということです。

ネットは、さまざまな人が集まる場です。

どんな背景や知識を持つ人が、あなたの文章を読むのか、わからないのです。

評論家気取りで大きなことを書いたり、専門家気取りでアドバイスなどを書いたりしないようにしましょう。

自分よりも目上の人、自分よりも専門家の人が読むこともあることを想定して書くのです。特に、何かの分野の専門家や講師業など、教える仕事をしている人ほど注意が必要です。

セミナーなどで話すときは、立場が先生なので、多少の上から目線も許されるかもしれません。しかし、それとネットでの文章の投稿はまったく違うのです。

ではどうしたらいいのでしょうか。

ここでは3つのポイントをお伝えしましょう。

(1)一人に向かって書く
(2)［結び］こそ、体験や経験を書く
(3)カッコつけず、等身大で書く

一つずつ見ていきましょう。

(1)一人に向かって書く

ネットで文章を発表するとき、私たちはついつい、たくさんの読者を想像してしまいがちです。そして、ついつい大きなテーマを設定し、評論家のように書いてしまうのです。

そうではなく、まず一人の具体的な読者を設定して、その一人に向かって、具体的に書くことを習慣にしましょう。そうすれば、大上段に構えなくてよくなるので、上から目線にもなりにくくなります。

設定する読者は、実在している人物を想像したほうが書きやすいでしょう。

一人の具体的な読者に向けて書く練習を繰り返すことで、言葉はより具体的になり、その人の心に寄り添ったものになっていきます。

具体的な一人に伝えようとすることで、どの言葉を選んだらいいのかも、自ずと決まってくるでしょう。

それによって、あなたの文章を読んでいる多くの人は、その文章が自分だけに語りかけられているかのように感じるのです。より深いつながりを感じることもできます。

文章の表現も「みなさん」「みなさま」ではなく「あなた」「みなさま方お一人おひとりは」などと、一人に向けた書き方をしましょう。

読者を具体的な一人に絞ることで、より多くの人に響くようになる。それを知っておきましょう。

（2）［結び］こそ、体験や経験を書く

起承転結で書く練習をすると、多くの人は［結び］の部分で、気づきや学び、アドバイスで話を締めたくなります。

それも悪くはないのですが、それらを書こうとすると、無意識のうちに、上から目線になりやすいので注意が必要です。

気づきやアドバイスを「教えてあげよう」というスタンスになってしまうからです。［結び］では話を締める必要はありますが、気づきやアドバイスを直接的に書く必要はありません。

あなたの伝えたいメッセージを説明できる体験や経験、そしてそこからあなたが感じたことを具体的に書くのです。それだけでも十分、メッセージは伝わります。［結び］で気づきやアドバイスの話にせず、自分の体験や感じたことで締める。これはとても奥深いので、私の文章塾の塾生の例で解説しましょう。

ある男性が、息子さんとアイススケートに行ったという話を投稿しました。

息子さんに「転べば転ぶほどうまくなるよ」とアドバイスをしたら、引けていた腰がまっすぐになり、上手にすべれるようになった。そういう話が「起・承・転」と展開されていました。

問題は「結」の段落にありました。

その男性は以下のように話をまとめました。

「彼がうまくなるのを見ながら、心がざわざわするのを感じました。転ぶことを許可できていない自分、最初からうまくやろうとして行動が遅くなる自分に気づかされたんです……。おりてきた言葉は、息子へではなく、私へのメッセージでした。」

これが、気づきでまとめようとしてしまっている書き方です。

「結」の部分が、無理に気づきを入れようとしたことで、フィクション化しています。

こんなにかっこいい自分でなくていいのです。むしろ、初めて息子の手を握りしめながら、ゆっくりすべる嬉しさを書いたほうが、父親らしいでしょう。これでは、アイススケートですべれるようになった子への愛情が感じられなくなってしまいます。

彼にそう助言をしたら、［結］の部分を以下のように修正しました。

「30分もすると、彼はほとんど転ばずに一人でもリンクを一周できるまでになりました。真剣なまなざしですべる息子と、手をつないでゆっくりすべる時間はとても幸せでした。『転べば転ぶほどうまくなるよ』を私も心に刻みます。」

このほうが、上から目線にならない締め方になるのです。自分の経験と感じたことを使って、上手に話をまとめられています。

（3）カッコつけず、等身大で書く

いま紹介した、アイススケートの例でもそうですが、ネットで文章を投稿するとき、多くの人がついつい「よいこと」「りっぱなこと」を書こうとしてしまいます。背伸びをして、カッコつけてしまうことがよく起こるのです。

しかし冷酷なことですが、読者には「この人はカッコつけている」というところまで伝わってしまうのです。

カッコつけているのが伝わるほうが、かっこ悪いのではないでしょうか。

特に文章を書くというと、つい、カッコつけたくなるものです。それが案外、伝わってしまうものです。注意しましょう。

文章を書くときは「カッコつけない」「等身大で書く」ということを、常に意識するのです。かっこいい文章を書こうとするあまり、普段使いの文章ではなく、よそ行きの服、よそ行きの声になってしまいがちです。

普段着の自分が書けるようになったら、会社の同僚や友人・仲間とでも、うまくいくのではないでしょうか。

つまり、誰が読んでも、誰に読まれても平気な文章を書けるようになれば、それは「書店に並んでもいい本になっている」ということです。

私は、家族が読もうと、会社の誰か、仲間、友人、生徒さんが読んでも平気な文章を書いています。そこをめざしましょう。

失敗談が書けると文章は一気に上達する

ここまでの解説で、上から目線にならないで書くことの大切さと、奥深さが感じられたのではないでしょうか。

この項では、上から目線にならずに読者の「いいね」をたくさん集められる、櫻井流の書き方を特別に紹介しましょう。

それは**「失敗談で笑わせる」**ということです。

文章を書こうとすると、「成功談」つまり、うまく行った話をつい選びがちです。

しかし、それだと上から目線になりやすいのです。自分を成功した立場に置いてしまうからです。たとえば「ユーモアが大事」ということを伝えたいとき、自分がユーモアを発揮できた話を、必ずしもする必要はないということです。

成功談よりも、読者と同じ目線に立つために、あえて「失敗談」を選ぶほうが逆にトクなのです。

なぜなら、失敗談を書くことで、読者と対等な関係をつくることができるからです。読者との共感やつながりを深めることもしやすくなります。

完璧な成功話よりも、人間味あふれる失敗談のほうが、読者に寄り添い、共感を呼ぶことが多いのです。

しかし、失敗談を書くことは、思いのほか、勇気と謙虚さが必要になります。

人はどうしても、自分をよく見せたい生き物だからです。失敗談を書くということは、自分自身が向き合っていない部分と向き合うことでもあります。

自分の弱さ、プライド、見栄などを認め、受け入れるプロセスを通る必要があります。そして、それらを消化して、さらに笑いに昇華させるのです。それによって、私たちは人としての成長が促され、より素晴らしい書き手へと成長できます。

それがあなたの文章だけでなく、さらに人間性まで魅力的なものに変えるのです。

説明だけでは伝わりにくいところなので、具体的な文章を一つ紹介しましょう。

以下の文章は、文章塾の塾生がFacebookに書いたものです。

彼は100回以上の投稿をして、文章が少しずつ上達していきました。私がいちばん面白いと感じた文章です。

夫婦円満のコツを、うまくいっているエピソードではなく、離婚しそうになった話で上手に伝えています。


【成田で離婚のピンチ！】

パソコンのデータを整理していたら、グアムの新婚旅行の写真が出てきました。

12年前、29歳のときです。写真を見ると幸せそう。でも実は、行きの成田空港で

「離婚の危機」がありました。その記憶がよみがえってきました。

空港に着くと妻が小さな声で「パスポートを忘れた……」といったのです。

持ったことを何度も何度も何度も確認しました。

ふだんはとてもしっかり者の妻。それなのに、なぜかこのときはうっかり忘れたのです。私は怒りがこみ上げてきてカァーッとなりました。

息を吸いこみ「あれだけ言ったのに!!」と怒鳴りかけました。

そのとき、最悪の未来が一瞬よぎりました。

泣いて自分を責める妻。途方にくれる私……。　私は吸った息をハァ～ッと吐きだし深呼吸することができました。

少し冷静さを取り戻した私は「そ、そっか…。まあ、最悪、国内旅行にすればいいか……」と返すことができました。そして、グランドスタッフに相談しました。

結果的には、夜の便に振り替えてもらえて、グアムへ無事に発つことができました。

いまから思うと、神様が私を試したのかもしれません。

「どんなときも妻をゆるし、愛しますか？」と。
あのとき、怒鳴らずに深呼吸できた自分をほめてあげたいです。怒鳴っていたら、
行きの成田離婚という日本記録だったかも^^;

面白くて、ためになる文章で一段上に進む

講談社の企業理念には「面白くて、ためになる」とあります。
それに対して小学館は、「ためになって面白い」です。
長いあいだ、学習誌を出してきたからです。私は週刊誌の編集を続けてきたので、

「面白くて役に立つ」文章の書き方が得意です。

どちらを先にするかはともかく、面白い上に、役に立って、ためになる文章を書けたら、「文章を書くこと」では合格です。

この本で紹介したコツを参考にして、今日からあなたも、まずはインターネットで、文章を発表してみましょう。

練習はあなたを裏切りません。書けば書くほど、あなたを一段上の世界に、確実に連れていってくれるのです。

そうすることで、出版社から自分の作品を出せるようになっていくのです。誰でも自分の本を出版するのは、大きな人生の目標です。いまは、さまざまな形で本を出せるようになってきました。

エッセイスト、小説家、人生書の作家などなど、自分で自信のあるコースで書きつづけてみましょう。

必ず注目されるようになるはずです。

おわりに
文章を書くことで世界が変わる

文章を書くことは、自分の世界観を拡張する手段です。新しい視点を探求し、異なる考え方に触れることで、世界はより多様で豊かなものになります。

たとえば、旅行記を書くことで、旅先での体験を深く振り返ることができます。また、フィクションを書くことで、ふだんは考えもしないような状況や人物に、思いを馳《は》せることができるのです。

文章を通じて、自分とは異なる価値観や文化に触れることは、知識の拡充だけでなく、人としての成長にもつながります。

異なる視点を理解し、受け入れることで、より寛容な心を育てることができるでしょう。

本書では、どうすれば文章が書けるのかということを、いろいろな角度からお話ししてきましたが、ただ文章を書くだけでは意味がありません。

あなたが、あなたの言葉で、あなた自身が体験したこと、感動したことを記録し、それを人に伝えることで、いまのあなたや、あなたのまわりの人たち、あなた自身のこれからが変わっていきます。


私は、編集者として、作家として、また出版人として、「言葉の力」というものを知っています。

私が起ち上げたきずな出版では、「言葉は力、言葉はぬくもり、言葉はきずな」ということを社訓にしています。これは、文章を書くとき、本をつくるときの基本でもあるのです。

たった一つの言葉、一行の文章が、人生を変えるような気づきや出会いのきっかけをつくってくれることがあります。

だからこそ、あなたに文章を書いていただきたいのです。

文章を書くことの喜びを知っていただきたいのです。

でも、そんなことは、もう既に、あなたはご存じでしょう。

そうでなければ、この本を手に取ってはいないでしょうから。


ぜひ、この出会い、きっかけを無駄にしないでください。

すぐにも、書いてみることです。

本書でも繰り返しお話ししてきた通り、文章は書けば書くほど上達します。

あなたのSNSで、あるいはあなたの著書で、あなたに再会できる日を楽しみにしています。

著　者

著者プロフィール

櫻井秀勲 （さくらい・ひでのり）

1931年、東京生まれ。東京外国語大学を卒業後、光文社に入社。大衆小説誌「面白倶楽部」に配属され、松本清張、遠藤周作、川端康成、三島由紀夫、幸田文など文学史に名を残す作家と親交を持った。31歳で週刊「女性自身」の編集長に抜擢され、毎週100万部発行の人気週刊誌に育て上げた。55歳での独立を機に作家デビュー。女性心理、生き方、仕事術、恋愛、結婚、運命、占術など多くのジャンルで執筆。その著作数は220冊を超えた。2013年、82歳で出版社、きずな出版を起ち上げ、2023年、創業10周年を迎えた。作家として、社長として、また複数のオンラインサロンを開設し、YouTuberとしても配信、活動している。

櫻井秀勲公式ホームページ
https://sakuweb.jp

心をつかむ文章の書き方

2024年3月25日　初版第1刷発行

著　者　櫻井秀勲
発行者　岡村季子
発行所　きずな出版
東京都新宿区白銀町1-13　〒162-0816
電話 03-3260-0391
振替 00160-2-633551
https://www.kizuna-pub.jp/

印　刷　モリモト印刷
ブックデザイン　福田和雄（FUKUDA DESIGN）

ISBN978-4-86663-224-7